utb 5240

Eine Arbeitsgemeinschaft der Verlage

Brill | Schöningh – Fink · Paderborn
Brill | Vandenhoeck & Ruprecht · Göttingen – Böhlau · Wien · Köln
Verlag Barbara Budrich · Opladen · Toronto
facultas · Wien
Haupt Verlag · Bern
Verlag Julius Klinkhardt · Bad Heilbrunn
Mohr Siebeck · Tübingen
Narr Francke Attempto Verlag – expert verlag · Tübingen
Psychiatrie Verlag · Köln
Ernst Reinhardt Verlag · München
transcript Verlag · Bielefeld
Verlag Eugen Ulmer · Stuttgart
UVK Verlag · München
Waxmann · Münster · New York
wbv Publikation · Bielefeld
Wochenschau Verlag · Frankfurt am Main

Basiswissen Philosophie

herausgegeben von
Michael Quante und Simon Derpmann

Weitere Bände:

utb 5766
S. Ender:
Logik

utb 5700
K. Blesenkemper, A. Vering:
Praxissemester Philosophie

utb 5242
M. Quante:
Philosophische Handlungstheorie

utb 5234
L. Herzog:
Politische Philosophie

utb 4667
A. Filius, S. Mischer:
Philosophische Texte schreiben im Studium

utb 4653
C. Runtenberg:
Philosophiedidaktik

Tim Henning

Allgemeine Ethik

2., durchgesehene Auflage

BRILL | FINK

Der Autor:

Tim Henning ist Professor für Praktische Philosophie an der Johannes Gutenberg-Universität Mainz.. Er befasst sich mit Themen der normativen Ethik und Metaethik, der Sprachphilosophie und der personalen Identität. Zu seinen Veröffentlichungen gehören die Monographien Person sein und Geschichten erzählen. Eine Studie über personale Autonomie und narrative Gründe (Berlin 2009), Kants Ethik. Eine Einführung (Stuttgart 2016) und From a Rational Point of View. How We Represent Subjective Perspectives in Practical Discourse (Oxford 2018).

Umschlagabbildung:

Martin Mellen und Peter Zickermann, Bielefeld

Bücher, Online-Angebote oder elektronische Ausgaben sind erhältlich unter **www.utb.de**

Bibliografische Information der Deutschen Nationalbibliothek
Die Deutsche Nationalbibliothek verzeichnet diese Publikation in der Deutschen Nationalbibliografie; detaillierte bibliografische Daten sind im Internet überhttps://www.dnb.de abrufbar.

2., durchgesehene Auflage 2024

Koninklijke Brill NV umfasst die Imprints Brill, Brill Nijhoff, Brill Schöningh, Brill Fink, Brill mentis, Brill Wageningen Academic, Vandenhoeck & Ruprecht, Böhlau und V&R unipress.

www.brill.com

Printed in Germany.
Herstellung: Brill Deutschland GmbH, Paderborn
Einbandgestaltung: siegel konzeption | gestaltung

UTB-Band-Nr: 5240
ISBN 978-3-8252-6244-0
eISBN 978-3-8385-6244-5

Inhalt

Einleitung

Zu unserem Wissen zählt mehr als Daten und Fakten. Wir verfügen auch über praktisches Wissen. Wir wissen oft, was zu tun ist – was ratsam wäre, was sich gehört, welche Gelegenheit günstig ist und worauf wir aufzupassen haben. Natürlich wissen wir nicht immer weiter. Aber gerade wenn guter Rat teuer ist, ist uns die Möglichkeit praktischen Wissens besonders gegenwärtig. Wir wollen dann ja gerade wissen, was zu tun ist, und wir beklagen bitter, dass uns dieses Wissen fehlt.

Moralisches Wissen

Teile unseres praktischen Wissens haben dabei einen besonderen Charakter. Sie bilden unser moralisches Wissen. Wir wissen oft, dass bestimmte Handlungen falsch wären – weil sie jemanden bloßstellen oder verletzen würden, weil sie berechtigte Ansprüche einer Person übergehen oder ihr Vertrauen missbrauchen würden. Wir wissen, wann eine Entschuldigung fällig ist, und auch, wann es mit einer Entschuldigung nicht getan ist. Umgekehrt wissen wir oft auch, wie man uns zu behandeln hat – wann wir uns etwas nicht gefallen lassen dürfen oder Berücksichtigung verdienen.

Neuere entwicklungspsychologische Studien legen nahe, dass wir schon in frühem Alter moralische Verstöße von anderen Arten von Regelverletzungen unterscheiden können – etwa von Verstößen gegen Regeln der Etikette, der Konvention oder gegen Gebote lokaler Autoritäten. Beginnend mit dem Alter von vier bis fünf Jahren gelingt es Kindern, zu unterscheiden, ob ein Gebot moralischer Natur ist oder ob es sich stattdessen um eine andere Regel handelt. Spätestens im Alter von zehn Jahren sind die meisten Kinder dann in der Lage, diese Unterscheidung auch auf neuartige Fälle anzuwenden. Diese Fähigkeit, so legt eine wachsende Anzahl von Studien nahe, ist in hohem Maße kulturell invariant. Sie scheint also ein fester Teil des menschlichen Erkenntnisapparats zu sein. (Für einen Überblick zu diesen Teilen der aktuellen Moralpsychologie siehe z.B. Turiel 2006.)

Wie in vielen Bereichen unseres Wissens gibt es auch in der Moral viele Unklarheiten und Grenzfälle, sogar hartnäckige Probleme und Paradoxien. Wir sind weit davon entfernt, uns einig zu sein, was genau wir zu unserem moralischen Wissen zählen dürfen und wo wir uns womöglich irren. Und wie in anderen Bereichen gilt: Je kritischer wir unsere Überzeugungen prüfen, desto größer kann die Anziehungskraft einer skeptischen Sichtweise werden. Manch einer gesteht dann nicht nur zu, dass unser moralisches Wissen begrenzt und fehlbar ist – sondern schließt rundheraus, es gebe gar kein moralisches Wissen. Diese skeptische Position wird aber meist auf theoretische Diskussionen beschränkt. Wenn Moralskeptiker im Alltagsgeschehen in ihren moralischen Rechten verletzt werden, erweist sich ihr moralisches Urteilsvermögen oft als weitestgehend intakt.

Leichter als moralische Tatsachen zu leugnen fällt es uns, sie zu verdrängen oder zu unseren Gunsten umzudeuten. Doch auch dies gelingt nur teilweise. Wo wir Unrecht verschulden oder zulassen, empfinden wir oft zumindest das Bedürfnis, uns eine Entschuldigung zurechtzulegen. Und am Bewusstsein, etwas wirklich Falsches getan zu haben, sind schon Menschen zerbrochen.

Unser moralisches Wissen verlangt danach, dass wir uns Begründungszusammenhänge klarmachen. Wenn wir wissen, dass wir etwas Bestimmtes nicht tun dürfen, oder dass eine gewisse Handlung ein Unrecht war – worauf berufen wir uns? Was sind die Kriterien für richtige und falsche Handlungen? Und worin könnte die Erklärung ihrer Richtigkeit oder Falschheit liegen?

Normative Ethik

Die normative Ethik ist eine philosophische Disziplin, die unser moralisches Wissen – oder das, was wir dafür halten – systematisieren und erklären soll. Sie versucht, in begründeter Weise zu allgemeinen Aussagen darüber zu gelangen, was unsere moralischen Verpflichtungen sind. Viele der modernen Ansätze der normativen Ethik suchen dabei nach Grundsätzen, aus denen sich unser moralisches Wissen ergibt. Dieser Band soll in die Ethik einführen. Er stellt den Gegenstand der Ethik, die Moral, dar, und erläutert die wichtigsten Versuche, die Moral systematisch zu erfassen.

Bevor wir uns diesem Geschäft zuwenden, ist schon eine erste begriffliche Klärung fällig. (Da es sich um einen philosophischen Text handelt, dürfen Sie davon ausgehen, dass es nicht die letzte Pedanterie dieser Art bleiben wird.)

Moral und Ethik
Die Ausdrücke „Ethik“ und „Moral“ wurden eben so bestimmt, dass die Moral ein bestimmter Gegenstand ist (sagen wir vorerst: ein System von Werten und Forderungen), die Ethik hingegen eine philosophische Disziplin, die diesen Gegenstand erforscht. Ethik wäre also Philosophie der Moral, oder Moralphilosophie. Diese Weise, die Begriffe zu unterscheiden, ist durchaus typisch.

Es sei aber erwähnt, dass es noch eine zweite Weise gibt, „Ethik" und „Moral" kontrastierend zu verwenden. In dieser zweiten Verwendungsweise geht es darum, einen engeren und einen weiteren Gegenstandsbereich zu unterscheiden. Moral wäre dann der engere Bereich, der es vor allem mit Pflichten, Forderungen und Verboten zu tun hat, Ethik hingegen würde außerdem noch weitere Werte und Ideale umfassen, die nicht direkt in Bezug zu Geboten und Verboten stehen. Auch diese Verwendung ist durchaus vertraut. Ein Sprecher, der etwas „ethisch problematisch" nennt, kann durchaus zögern, stattdessen „moralisch problematisch" zu sagen, eben weil mit der letzteren Ausdrucksweise spezielle Konnotationen von Strenge einhergehen. Diese zweite Weise, die Begriffe zu kontrastieren, ist ebenfalls legitim. Einige Philosophen verwenden sie, um z.B. antike und moderne Theorien zu unterscheiden (s.u.). Hier soll sie aber keine wichtige Rolle spielen.

1. Der Gegenstand: Die Moral

1.1 Moral und Normativität

Forderungen der Moral

Moral ist ein vertrauter Teil unseres Lebens. Sie begegnet uns oft in Gestalt von Forderungen, denen wir uns gegenübersehen. Ich würde z.B. nur zu gerne einen Blick in das Tagebuch meines Freundes werfen. Ich habe dabei nur Gutes im Sinn – ich mache mir Sorgen, ob ihn etwas bedrückt, aber er redet nicht darüber. Ich bin sicher, in seinem Tagebuch Aufschluss zu finden. Aber ich weiß, dass er mir seine Erlaubnis nicht geben würde. Es wäre falsch von mir, hinein zu schauen. Ich sehe mich also einer Forderung gegenüber: der Verpflichtung, die Privatsphäre meines Freundes zu respektieren. Dies ist ein Beispiel derjenigen Forderungen, die die Moral ausmachen.

Moralische Plicht

Es sei direkt erwähnt, dass „die Moral" den Menschen nicht zu allen Zeiten als ein isolierter, eigenständiger Gegenstand begegnet ist. Ebenso wenig hätten die Menschen zu allen Zeiten zugestimmt, dass die Moral vor allem eine Sache von „Forderungen" ist. Für antike Philosophen z.B. bildet das, was wir als moralische Pflicht verstehen, kein separates Thema. Für sie sind solche Pflichten Teil eines umfassenden Verständnisses davon, wie man leben sollte. Dieses Verständnis behandelt auch Fragen, die nach unserem heutigen Verständnis nicht moralischer Natur sind – etwa, wie man Freundschaften pflegt oder in Gesellschaften auftritt. Moralische Fragen, wie Fragen der Gerechtigkeit, fügen sich für antike Autoren nahtlos in eine umfassende Lebenslehre ein.

Aus historischen Gründen, an denen z.B. die großen monotheistischen Religionen mit ihrer Ethik göttlicher Gebote sicher keinen geringen Anteil hatten, denken wir heute anders über Moral. Wir sehen in ihr einen deutlich abgegrenzten Gegenstand, der eine eigene begriffliche Artikulation hat. (Für den weiteren Gegenstandsbereich der antiken Philosophie wird daher oft der Begriff des Ethischen kontrastiv verwendet, wie ich es soeben in der Einleitung bereits angedeutet hatte.) Der Großteil dieses Buches nimmt aber diese neuzeitliche Sichtweise ernst und behandelt Moral als einen eigenständigen Gegenstandsbereich. Aber wir werden uns in Kap. 6 der antiken Sichtweise widmen und prüfen, ob mit der klaren begrifflichen Abgrenzung auch Kosten verbunden sind.

Normen
Moralische Forderungen sind nun zunächst einmal dies: Forderungen oder Normen. Sie gehören damit zu einer allgemeineren Klasse. Andere Normen sind etwa Normen der Etikette, Normen der Klugheit (oder des Eigeninteresses), Normen der Mode, juristische Normen oder Normen des korrekten Sprachgebrauchs. Allen Normen ist gemein, dass wir sie durch ein Sollen artikulieren. Normen der Etikette z.B. sagen also nicht, dass faktisch niemand mit vollem Mund spricht – sondern dass man es nicht tun soll, dass es zu unterlassen ist. Ebenso sagen Normen der Klugheit nicht, dass jeder nach Möglichkeit Geld für das Alter beiseitelegt – sondern dass jeder dies nach Möglichkeit tun sollte. Auch sagen juristische Normen nicht, dass Diebstahl nicht vorkommt – sondern dass er nicht vorkommen soll, also zu unterlassen oder verboten ist. Usw.

Moralische Normen teilen diesen Sollens-Charakter oder, wie man auch sagt, diese Normativität. So trivial das klingt – es wird oft vergessen. Nicht selten begegnet man als Ethiker nämlich vermeintlichen Einwänden, die genau diesen normativen Charakter der Moral übersehen.

Die Natur des Menschen

So wird man in der Ethik z.B. oft (und mit dem Gestus eines unbestechlichen Realismus) belehrt, dass „Menschen ihrer Natur nach nun einmal nicht gut seien." Dazu sei zuerst erwähnt, dass es gar nicht klar ist, dass dieser Hinweis überhaupt korrekt ist. Tatsächlich gibt es gute Gründe, Anlagen für altruistisches und kooperatives Verhalten sowie eine gewisse Präferenz für eine gleiche Verteilung von Gütern zu unserer natürlichen Grundausstattung zu zählen (s. u., Abschnitt 7.1).

Noch wichtiger ist aber, dass es sich in der vorliegenden Form gar nicht um einen Einwand handelt. Die Moral behauptet ja nicht, dass Menschen gut sind – sondern sie fordert, dass sie gut sein sollen oder zu sein haben. Sollte der Hinweis über die schlechte Natur der Menschen zutreffen, dann wäre das schlimm für die Menschen, würde aber die Gültigkeit der Moral nicht betreffen.

Sollen impliziert können

Anders würde es sich verhalten, wenn gezeigt würde, dass es uns Menschen schlechterdings gar nicht möglich ist, anders zu handeln als wir es eben tun. Dann wäre die Moral in der Tat witzlos. „Sollen", so heißt es oft in der Philosophie, impliziert „können." Es kann also nur das von uns verlangt sein, was wir tun können. (Deshalb ist es z.B. verfehlt, wenn man uns ernsthaft Vorwürfe macht wie: „Du hättest dich eben einfach in Luft auflösen sollen!") Würden wir mit Notwendigkeit so handeln, wie wir es eben tun, so wären moralische Normen dieser Ansicht zufolge verfehlt.

Aber für eine derart dramatische These fehlen hinreichende Belege. Das Schlimme an dem vielfältigen Übel, das wir Menschen einander (und anderen Spezies) antun, ist vielmehr gerade, dass wir kaum glaubhaft behaupten können, dass wir nicht anders können. Darüber hinaus ist die These, dass moralische Verantwortung ein Anderskönnen verlangt, gar nicht unumstritten (s.u., Abs. 7.2.).

Humes Gesetz

Der normative Charakter der Moral findet seinen Ausdruck in einem logischen Prinzip, das viele Philosophen für korrekt halten. Es besagt, dass sich aus Prämissen, die bloß beschreibenden Charakter haben, nicht herleiten lässt, was richtig oder gefordert ist. Eine Konklusion, die ein Sollen thematisiert, muss in ihrer Begründung auf mindestens eine Prämisse bauen, die ebenfalls normativen Inhalts ist. Es lässt sich, so wird oft gesagt, kein Sollen aus dem Sein logisch ableiten.

Der Philosoph David Hume (1711–1776) hat die Bedeutung dieses Prinzips in besonderer Weise hervorgehoben, weshalb es oft auch als „Humes Gesetz“ firmiert. Ein Verstoß gegen dieses Gesetz wird im Fachjargon der normativen Ethik als naturalistischer Fehlschluss bezeichnet.

Angenommen etwa, man würde das sexistische Verhalten eines Mannes damit zu rechtfertigen versuchen, dass man sagt: „So sind Männer nun einmal, das war schon immer so. Sich zu beschweren, ist deshalb realitätsfern.“ Es ist offenkundig, dass aus dieser Beobachtung nicht folgt, dass die Handlung und die entsprechende Tradition auch in Ordnung sind, wie sie sind. Die moralische Frage lautet gerade, warum man so handeln dürfen sollte. Dass solche Handlungen häufig sind, sogar eine lange Tradition bilden, macht die Sache nicht besser – ganz im Gegenteil. Pointiert gesagt: Wenn Normen realitätsfern sind, ist das zuallererst für die Realität ein Problem.

Freilich ist bei der Anwendung von Humes Gesetz Vorsicht geboten, und seine genaue Deutung und Formulierung ist alles andere als klar. Immerhin ist es offenkundig möglich (und oft auch erforderlich), eine moralische Forderung gerade durch die Beschreibung bestimmter Tatsachen zu begründen – etwa, wenn man auf die Schädlichkeit von Flugreisen für das Klima hinweist. Solche Begründungen haben nicht die problematische Form, in der die Richtigkeit einer Praxis durch das faktische Bestehen dieser Praxis selbst begründet wird. Aber wie genau die Grenze zwischen gültigen Begründungen und Fehlschlüssen zu ziehen ist, ist eine offene Frage (s. z.B. Schurz 1997).

Ronald Dworkin

Humes Gesetz legt nahe, dass moralische Überzeugungen zu ihrer Begründung wiederum moralisch gehaltvolle Annahmen benötigen. Einige Philosophen ziehen daraus bemerkenswerte Schlussfolgerungen. Ronald Dworkin (1931–2013) hat dafür argumentiert, dass die Moral in einem besonderen Sinne autonom sei (vgl. Dwokin 2011). Er behauptet, dass man zu Moral überhaupt nicht Stellung beziehen kann, ohne sich schon auf moralische Thesen und Argumente einzulassen.

Infragestellung der Moral

Was das bedeutet, wird an der Figur eines Skeptikers deutlich, der Moral insgesamt für eine Fiktion oder eine schiere Ideologie hält. Nehmen wir an, dieser Skeptiker behaupte speziell, dass Aussagen über Gut und Böse etc. nie wahr seien. Dworkins Beobachtung ist folgende: Der Skeptiker wird durch seine Position u.a. auf die Aussage festgelegt, dass es nicht wahr ist, dass Sklaverei ungerecht ist. Das heißt aber, dass es nicht der Fall ist, dass Sklaverei ungerecht ist. Doch das, so Dworkin, ist selbst eine moralische Position. In seiner Infragestellung der Moral hat der Skeptiker ungewollt selbst moralisiert. Und wir dürfen erwarten, dass er uns einschlägige Gründe für eine moralische Position gibt – dass er sich auf genau den Diskurs einlässt, den er diskreditieren wollte.

1.2 Moralische und soziale Normen

Worin unterscheiden sich nun die Forderungen der Moral von anderen Normen – etwa von solchen der Etikette, oder der Mode, oder des korrekten Sprachgebrauchs? In diesem und dem folgenden Abschnitt werden einige charakteristische Merkmale moralischer Normen beschrieben.

Moralische Normen
Neuere Studien in der Philosophie und den Sozialwissenschaften heben einen ersten wichtigen Unterschied zwischen moralischen Normen und anderen Normen hervor. Moralische Normen sind, mit einem Ausdruck der Autoren Brennan, Eriksson, Goodin und Southwood (2013), practice-independent. Das heißt: Wir machen die Geltung moralischer Normen im Normalfall nicht davon abhängig, ob es eine bestehende soziale Praxis gibt, in der diese Normen auch von anderen befolgt werden und in der die geteilte Erwartung besteht, dass sie erfüllt werden.

Cristina Bicchieri

Eine Analyse von Normen, die dies verständlich macht, stammt von der Philosophin und Spieltheoretikerin Cristina Bicchieri (*1950) (vgl. Bicchieri 2006). Ihr zufolge können wir Typen von Normen danach unterscheiden, wie ihre Befolgung motiviert ist. Die Rede von Normen und Arten von Normen hat, so Bicchieri, letztlich einen psychologischen oder motivationalen Aspekt.

Soziale Normen

Soziale Normen im weitesten Sinne werden in einer Weise befolgt, die sich an anderen Menschen orientiert. Man kann dies schrittweise deutlich machen. Wenn wir zunächst beobachten, dass viele Menschen in einer Gruppe ein übereinstimmendes Verhalten zeigen, so heißt dies noch nicht, dass sie überhaupt eine Norm im Sinne Bicchieris befolgen. Z.B. lässt sich beobachten, dass viele von uns regelmäßig ihre Füße auf einer Matte abtreten, bevor sie ihr Zuhause betreten. Dabei handelt es sich gewöhnlich nicht um die Befolgung einer sozialen Norm. Wir haben einfach in diesen Fällen ähnliche individuelle Gründe und Motive, daher die Koinzidenz unseres Verhaltens.

Deskriptive Normen

In anderen Fällen aber stimmen wir unser Verhalten absichtlich auf das Verhalten anderer Menschen ab. Im einfachsten dieser Fälle ist das, was uns zu einem bestimmten Tun motiviert, die Vorliebe dafür, so zu handeln, wie andere es bereits tun. In solchen Fällen spricht Bicchieri von einer deskriptiven Norm. Ein Beispiel wäre eine Mode. Wenn es dereinst (Gott bewahre!) üblich werden sollte, dass Philosophen in bauchfreien Oberteilen zur Arbeit erscheinen, dann werde ich mich vielleicht motiviert fühlen, es auch so zu tun. Ich kleide mich wie die anderen Philosophen, weil ich mich so kleiden will wie sie. Hier würde ein erster Grad von practice-dependence vorliegen.

Allerdings liegt in solchen Fällen, so Bicchieri, noch keine soziale Norm im engen Sinne vor. Die Befolgung solcher sozialen Normen weist einen zweiten Grad an sozialer Abhängigkeit auf. Dieser liegt vor, wenn ich mich nicht nur am Verhalten der anderen Personen, sondern auch an ihren Erwartungen orientiere – oder an den Erwartungen, die ich ihnen unterstelle. Ich will nicht nur so handeln, wie sie es tun, sondern auch so, wie sie es von mir erwarten. (Der Begriff der Erwartung ist dabei selbst normativ zu verstehen: Ich will so handeln, dass ich in den Augen der anderen richtig handle.) In Bicchieris Terminologie: Wenn ich eine Regel als soziale Norm befolge, so motiviert mich eine konditionale Präferenz, die Regel dann zu befolgen, wenn eine relevante Gruppe sozialer Bezugspersonen das Verhalten zeigt *und* wenn diese Personen es in normativem Sinne von mir erwarten. Typische Beispiele wären Normen der Etikette oder der Höflichkeit.

Unterschiedliche Motive

Wichtig ist, dass ein und dieselbe Regel aus unterschiedlichen Motiven befolgt werden kann, und dass sie daher nicht immer als dieselbe Art von Norm fungiert. Es kann also zwar sein, dass ich meine Füße ganz unabhängig davon abtrete, ob andere es tun. Es könnte aber stattdessen auch sein, dass ich dieses Verhalten bei meinen Nachbarn gesehen habe und einfach Wert darauf lege, mich lokalen Bräuchen anzupassen und es auch so zu machen wie sie. Mein Fußabtreten wäre dann wie ein eigenwilliger Fall der Befolgung einer deskriptiven Norm. Schließlich kann es sein, dass ich meine Füße deswegen abtrete, weil ich denke, dass meine Nachbarn mich unzivilisiert finden würden, wenn ich es nicht täte. Dann befolge ich die Regel als eine soziale Norm im engen Sinne.

Moralische Normen

Alle diese Fälle aber, so Bicchieri (2006) und Brennan et al. (2013), unterscheiden sich von dem Falle, in dem ich eine Norm als eine moralische Norm befolge. Wenn ich es unmoralisch finde, das Tagebuch meines Freundes zu lesen, erfahre ich die Verpflichtung zu Respekt als etwas, das ganz unabhängig von den Handlungen und Erwartungen anderer ist. Selbst wenn es so wäre, dass viele andere es mit der Privatsphäre nicht genau nehmen, und dass sie sich auch nicht weiter darum scheren, ob ich es tue – so werde ich doch noch immer den Eindruck haben, dass ich es muss. (Ob ich es dann tatsächlich über mich bringe, nicht in das Tagebuch zu sehen, steht natürlich auf einem anderen Blatt.) Wenn ich mich also genuin moralisch verpflichtet fühle, so heißt das, dass etwaiger sozialer Druck nicht mein Hauptmotiv ist. Welche Gründe es auch sind, die mich moralisch verpflichten: Sie gehen nicht auf Praktiken und Erwartungen meines Umfelds zurück.

Dies ist in der Tat ein charakteristischer Unterschied. Wir können uns abermals Fälle ausmalen, in denen eine und dieselbe Regel in verschiedener Weise betrachtet und befolgt wird. Man nehme die Regel, zu bestimmten Zeiten Geld an Bedürftige zu spenden. Mancher tut dies vielleicht, weil es die anderen auch tun. Er oder sie befolgt die Regel als eine Mode, vielleicht als einen liebgewordenen Weihnachtsbrauch. Für andere wiederum wäre der Wunsch, so zu handeln wie die anderen, allein vielleicht nicht hinreichend. Diese Menschen befürchten aber, in den Augen ihrer Mitmenschen als knauserig oder egoistisch dazustehen, wenn sie es nicht genau so machen. Diese Menschen orientieren sich auch an den Erwartungen anderer, und befolgen die Regel daher als eine soziale Norm im engeren Sinne. Schließlich gibt es aber vielleicht auch Menschen, die es unabhängig von anderen tun – weil sie es, wie man sagt, eben einfach richtig finden. Erst hier, so Bicchieris Punkt, haben wir die charakteristische Gestalt einer genuin moralischen Norm vor uns.

Es liegt auf der Hand, dass diese Fälle in der Praxis oft in Mischformen auftreten. Helfe ich der gestürzten Person wirklich deshalb, weil ich vom Gedanken der moralischen Richtigkeit durchdrungen bin – oder doch eher deshalb, weil andere es von mir erwarten? Aber so zweifelhaft unsere Motivlage auch oft sein mag – der begriffliche Unterschied, auf den es ankommt, ist klar.

Abweichender Umgang mit moralischen Normen

Bicchieris Modell erfasst in erhellender Weise auch bestimmte abweichende Formen, mit Moral umzugehen. Viele Menschen, so dürfte deutlich geworden sein, befolgen moralische Forderungen durchaus auch als soziale Normen, also auch aus Konformismus und nicht nur aus Überzeugung. Das kann dazu einladen, Moral nur als ein System sozialer Normen zu betrachten.

Richard M. Hare

Diese abweichende Betrachtungsweise wird mitunter für humoristische Effekte genutzt. So kann man etwa angesichts bestimmter pikanter Handlungen sagen: „Das ist so falsch und unmoralisch – ich bin dabei!" Hier werden moralische Vokabeln wie „falsch" gerade verwendet, um bestimmte soziale Erwartungen und Normen zu thematisieren. Der Philosoph Richard M. Hare (1919–2002) bemerkt treffend, sie würden sozusagen in distanzierenden Anführungszeichen verwendet – eben als Zitate für die Ansichten der sozialen Mitwelt. Klar ist jedenfalls, dass der Sprecher es in diesem Falle eben nicht unabhängig von sozialen Erwartungen wirklich falsch findet.

Konformismus

Problematischer wird es, wenn der Unterschied zwischen moralischen und sozialen Normen nicht humoristisch unterwandert, sondern vergessen wird. Es kann dann passieren, dass wir moralische Ansprüche nur noch als aufgezwungene soziale Regeln sehen, und dass wir in richtigem Handeln nichts anderes mehr erblicken als Konformismus. (Pauschale Vorwürfe des virtue signaling oder des Gutmenschentums fallen oft in diese Kategorie.) Das ist eine begriffliche Verarmung. Speziell wird uns so ein kritisches Instrument genommen. Angenommen, es stimmt, dass die meisten von uns sich eher an sozialen Erwartungen als am Richtigen orientieren. Gerade dann sollten wir den kritischen Unterschied zu echter Moralität nicht aus den Augen verlieren.

1.3 Kategorizität, deliberatives Gewicht und reaktive Emotionen

Normen der Klugheit

Die practice-independence moralischer Normen ist jedoch kein Alleinstellungsmerkmal. Auch andere Normen weisen sie auf. Das gilt zum Beispiel für Normen der Klugheit. Die Forderung, auf seine Gesundheit zu achten, erscheint uns unabhängig davon als gültig, ob andere sie befolgen oder wichtig nehmen. Natürlich gibt es auch hier abweichende Formen – das Achten auf die eigene Gesundheit kann sehr wohl ein Tribut an soziale Erwartungen sein. Aber wie im Falle der Moral erkennen wir hier an, dass auch andere Motive für die Befolgung möglich sind und Sinn ergeben.

Immanuel Kant

Wir müssen also fragen, welche weiteren Eigenschaften moralische Normen als solche auszeichnen. Ein Merkmal ist dasjenige, das der Philosoph Immanuel Kant (1724–1804) als ihre Kategorizität bezeichnet.

Kategorizität
Mit Kategorizität ist eine weitere Form der Unabhängigkeit bezeichnet, die durchaus zu den obigen Beobachtungen passt. Wenn wir eine Forderung als eine gültige moralische Forderung betrachten, so ist unser Motiv zur Befolgung nicht nur von dem Ziel unabhängig, soziale Erwartungen zu erfüllen. Wir finden die Forderung außerdem ganz allgemein unabhängig davon gültig, ob uns ihre Befolgung zur Erreichung irgendeines weitergehenden Ziels behilflich sein kann.

Hypothetische Normen

Viele sonstige Normen, so Kant, beziehen ihre Verbindlichkeit daraus, dass sie bestimmten Zielen dienen. Solche Normen nennt Kant hypothetisch. So dienen Vorschriften der Klugheit oder des Eigenintereses unserem Ziel, ein glückliches Leben zu führen. Die Klugheit gebietet die Erhaltung unserer Gesundheit nicht etwa als Selbstzweck, sondern als Mittel zum eigenen Glück.

Moralische Forderungen, wenn sie als solche befolgt und verstanden werden, sind nicht in dieser Weise hypothetisch. Angenommen, ich verzichte darauf, im Tagebuch meines Freundes zu schnüffeln. Was mich motiviert, ist dabei aber einzig die Sorge, erwischt zu werden und dann auf die Annehmlichkeiten dieser Freundschaft verzichten zu müssen. Hier motiviert mich also die Idee eines bestimmten Ziels, dem meine Zurückhaltung dienlich sein soll. In einem solchen Falle, so Kant, handle ich zwar nicht falsch. Aber ich handle eben auch nicht aus moralischen Gründen – also nicht etwa deshalb, weil ich diesen Respekt wirklich als moralisch verbindlich erkannt hätte.

Kategorische Normen

Moralische Normen sind kategorisch. Sie verlangen Befolgung unabhängig davon, ob sie weiteren Zielen zuträglich sind. Wer eine Norm als eine moralische versteht und befolgt, befolgt sie unabhängig von etwaigen Vorteilen bei der Erreichung eigener weitergehender Zielsetzungen.

Ich will nicht unerwähnt lassen, dass Kants Idee der Kategorizität durchaus umstritten ist. (Es gibt freilich in der Philosophie fast nichts, was als unumstritten gelten kann.) Manche Autoren glauben, dass moralische Normen ihre Gültigkeit doch bestimmten Zielsetzungen verdanken. Einige von ihnen (z.B. Vertreter des Utilitarismus – vgl. Kap. 3) gehen aber davon aus, dass die Moral sich durch eine besondere Zielsetzung auszeichnet. Moralische Forderungen wären dann immer noch von den gewöhnlichen und wechselnden Zielsetzungen einzelner Akteure unabhängig.

Wieder andere Autoren glauben jedoch, dass moralische Gebote ihre Gültigkeit letztlich sogar eigennützigen Motiven verdanken (vgl. Gauthier 1986). Man darf aber zumindest festhalten, dass solche Autoren den Augenschein nicht auf ihrer Seite haben. Es ist an ihnen, zu erklären, wie Moral auf Eigeninteresse beruhen kann, wenn ihre Forderungen doch kategorisch zu sein *scheinen*.

Deliberatives Gewicht

Neben der Kategorizität scheinen sich moralische Forderungen durch ihr deliberatives Gewicht auszuzeichnen – also durch ihre vorherrschende Rolle in unserem praktischen Überlegen (= Deliberation). Andere Normen lassen Abwägen und Ausnahmen zu: Wenn jemand einmal etwas Ungesundes tut, oder wenn sein Auftreten einmal nicht *comme il faut* sein sollte, so können wir uns dennoch vorstellen, dass er alles in allem hinreichende Gründe für sein Tun hat. Klugheit oder Etikette haben nicht immer das letzte Wort. Moralische Forderungen scheinen hingegen eine andere Wichtigkeit zu haben. Manche Autoren, wie etwa Kant, glauben sogar, dass moralische Forderungen immer Vorrang vor allen anderen Gesichtspunkten verdienen. Wenn eine Handlung z. B. ungerecht wäre, dann erübrigt sich die Frage, wie nützlich sie in anderen Hinsichten sein mag.

Emotionale Reaktionen

Ein letztes Merkmal moralischer Normen, das ich hier erwähnen möchte, liegt in den besonderen emotionalen und anderen Reaktionen, die uns speziell im Bereich der Moral angemessen erscheinen. Wenn jemand zum Beispiel unklug handelt, dann verdient er vielleicht Kritik – aber es wäre falsch, ihm zu grollen oder empört zu sein. Auch er selbst hat vielleicht Grund, sich über sich zu ärgern. Aber es wäre wiederum seltsam, wenn er sich schuldig fühlte. Diese emotionalen Reaktionen haben einen spezifisch moralischen Charakter, und wenn wir sie zu einer Gelegenheit zeigen, dann verrät dies, dass wir etwas als einen moralischen Verstoß verstehen.

1.4 Supervenienz und Unparteilichkeit

Sollensforderungen

Moral, so wurde eingangs festgestellt, ist normativ – sie erhebt Sollensforderungen. Sie schreibt vor, wie unsere Handlungen oder unser Charakter sein sollen, statt zu beschreiben, wie sie sind. Es herrscht, wie gesagt, weitgehende Einigkeit darüber, dass Sein und Sollen logisch unabhängig sind.

Gleichwohl ist es nicht so, als gäbe es keine interessanten Verbindungen zwischen dem So-sein der Dinge und der Frage, wie sie sein sollen. Im Gegenteil: Viele Philosophen gehen davon aus, dass die faktischen Merkmale der Dinge in einem bestimmten Sinne festlegen, was ihr moralischer Status sein kann. Man sagt, dass der moralische Status einer Handlung über ihren faktischen oder deskriptiven (kurz: nicht-moralischen) Merkmalen „superveniert".

Supervenienz
Die Beziehung der Supervenienz beinhaltet Folgendes: Wenn sich zwei Handlungen in allen nicht-moralischen Merkmalen (inklusive ihres Kontexts, ihrer Vorgeschichte, ihrer Beweggründe etc.) exakt gleichen, dann unterscheiden sie sich auch in ihrem moralischen Status nicht. Einfacher gesagt: Es gibt keine zwei Handlungen, die sich nur im moralischen Status unterscheiden und sonst in nichts anderem.

Dieser Gedanke ist leicht plausibel zu machen. Wenn wir zugeben müssen, dass Gertrud und Angelika eigentlich ganz genau das gleiche getan haben (und zwar aus den gleichen Gründen, in einem exakt gleichen Kontext) – dann können wir schwerlich sagen, dass Gertrud zwar richtig gehandelt habe, Angelika aber verwerflich. Wenn wir auf einen solchen moralischen Unterschied hinauswollen, müssen wir ihn durch weitere, nicht-moralische Unterschiede unterfüttern können.

Moral und relevante Ähnlichkeiten

Dieser Gedanke der Supervenienz wird oft noch stärker formuliert. Dann wird gefordert, dass nur nicht-moralische Unterschiede einer bestimmten Art geeignet sind, einen moralischen Unterschied zu begründen. So halten wir es für unmöglich, dass Gertrud anders als Angelika richtig gehandelt hat, bloß weil sie Gertrud und nicht Angelika ist. Unterschiede in der Identität der Person können als solche keinen moralischen Unterschied ausmachen. Ähnliches gilt normalerweise für Unterschiede im Breitengrad, der Windrichtung, des Börsenstandes etc. Insgesamt gilt: Moral scheint für eine ganze Menge von Unterschieden blind zu sein. Umgekehrt gesagt: Moral scheint in der Frage, welche Fälle sich „in allen relevanten Hinsichten" gleichen, ziemlich tolerant zu sein.

Daraus folgt, dass es für die Perspektive der Moral kennzeichnend ist, in einem bestimmten Sinne objektiv zu sein. Wir beurteilen Fälle also genau dann aus einer moralischen Perspektive, wenn wir etwa die bloße Frage, ob wir selbst oder jemand anders betroffen ist, nicht als relevant behandeln. Man kann dieses Verständnis von Objektivität auch als Unparteilichkeit bezeichnen.

Unparteilichkeit
Wenn sich zwei Situationen lediglich in der Identität der beteiligten Personen unterscheiden, so sind diese Situationen moralisch gleich zu beurteilen.

Hier handelt es sich um eine denkbar schwache Formulierung. Tatsächlich scheint die Unparteilichkeit der moralischen Perspektive oft noch weiter zu gehen. Die Moral, so scheint uns, ist zumeist auch blind für Unterschiede im Geschlecht oder in der Hautfarbe der Beteiligten. (Freilich ist nicht ganz klar, ob diese letzteren Faktoren wirklich immer irrelevant sind. Viele Menschen glauben etwa, dass es mit der Moral vereinbar und vielleicht sogar moralisch gefordert ist, Menschen wegen ihres Geschlechts oder ihrer Hautfarbe Vorrechte einzuräumen – etwa, wenn die Bewerbungen von Frauen in der Auswahl für eine bestimmte Position bevorzugt werden. Ich belasse es daher hier bei der obigen, vergleichsweise unkontroversen Formulierung der Unparteilichkeit.)

Keine Unterschiede zwischen Personen

Diese Form der Unparteilichkeit gilt es richtig zu verstehen. Gemeint ist nicht, dass die Moral verlangt, dass wir keinerlei Unterschiede zwischen Personen machen dürfen. Ein Teil unserer moralischen Verpflichtungen scheint zu berücksichtigen, dass wir in besonderen Beziehungen zu anderen Personen stehen. So habe ich etwa meinen Kindern gegenüber Verpflichtungen, die ich anderen gegenüber nicht habe. Und das betrifft nicht nur alltägliche Dinge wie ihre Versorgung, sondern auch schwerwiegende Fragen. Angenommen etwa, ich kann nur entweder mein eigenes Kind oder stattdessen zwei fremde Kinder aus einem brennenden Haus retten. Viele Menschen würden dann sagen, dass es nicht nur zulässig und verständlich, sondern sogar moralisch geboten ist, dass ich mein eigenes Kind rette. Es erschiene uns durchaus als moralischer Fehler, wenn ich mein Kind verbrennen ließe, um mich stattdessen mehr um das größere Gemeinwohl zu kümmern.

Ausnahme: Besondere Beziehungen

Es ist nicht entscheidend, wie man über dieses Beispiel denkt. Wichtig ist, dass die obige Formulierung des Prinzips der Unparteilichkeit zulässt, dass wir besondere Beziehungen wichtig nehmen. Stellen wir uns eine Variation des reißerischen Beispiels vor. Wieder befinden sich mein Kind und zwei weitere Kinder in dem brennenden Haus. An meiner Stelle steht nun jedoch eine andere Person vor der Frage, wen sie retten soll, und diese andere Person ist mit keinem der Kinder verwandt. Hier würden wir den Eindruck haben, dass diese andere Person eher die zwei Kinder retten sollte. Verstößt das nicht gegen den Gedanken der Unparteilichkeit? Zeigen die zwei Varianten des Beispiels nicht einen moralischen Unterschied, der auf nichts weiter beruht als auf einem Unterschied in der Identität einer beteiligten Person (einmal ich, einmal jemand anders)?

Gleichheit der Situation

Nein. Wir haben in der zweiten Variante nicht nur einen Akteur ausgetauscht. Sondern wir haben durch diesen Austausch auch dafür gesorgt, dass die besondere Beziehung des Akteurs zu einem der Kinder (i.e., die Elternschaft) nicht mehr besteht. Da es diesen weiteren Unterschied gibt, fallen die beiden Fälle nicht unter die obige Formulierung des Prinzips der Unparteilichkeit der Moral. Und das ist ja auch durchaus überzeugend. Die Moral ist nicht in dem Sinne unparteiisch, dass sie blind für die Relevanz etwa der Eltern-Kind-Beziehung wäre. Sie sagt nur: Wann immer jemand anders in genau die gleiche Situation kommt wie ich in der ersten Variante, so gelten für diese Person genau die gleichen Pflichten wie für mich. In der Gleichheit der Situation ist dabei aber berücksichtigt, dass es sich bei dem einen Kind ebenfalls um das Kind dieser Person handelt. Kurzum: Die Moral ist in dem Sinne unparteiisch, dass sie zwar vielleicht elterliche Pflichten anerkennt, aber auch solche Pflichten unangesehen der Identität der Person vorschreibt.

1.5 Universalität versus Relativität

Lokal und zeitlich begrenzte Moralsysteme

Unparteilichkeit ist aber nur eine Form von Objektivität, die in der die Moral relevant ist. Wenn gefragt wird, ob Moral objektiv sei, ist oft noch etwas anderes gemeint. Wir beobachten ja, dass Epochen und Kulturen sich in ihren moralischen Vorstellungen stark unterscheiden. Das wirft die Frage auf, ob diese divergenten Vorstellungen gleichermaßen gültig sind. Falls ja, wäre moralische Richtigkeit auf lokal und zeitlich begrenzte Moralsysteme zu relativieren. Nichts wäre moralisch falsch oder richtig *simpliciter*, sondern nur falsch oder richtig „für" die eine oder andere Gruppe.

Ist das so? Oder sollen wir sagen, es gebe nur eine Wahrheit in der Moral? Bejahen wir dies, so sagen wir in einem anderen Sinne, dass Moral objektiv ist. Wir sagen nämlich, dass die korrekte Antwort auf eine moralische Frage für jeden, in jeder Kultur und in jeder Epoche, dieselbe ist. Diese zweite Idee von Objektivität kann man Universalität nennen. In offizieller Formulierung:

Universalität
Moralische Begriffe und die Wahrheit moralischer Urteile sind nicht (implizit oder explizit) auf zeitlich oder lokal begrenzte Kontexte relativiert. Moralische Sachverhalte bestehen nicht nur relativ zu verschiedenen Epochen und Kulturen, und es gibt keine divergierenden, gleichermaßen gültigen moralischen Urteile über diese Sachverhalte.

Zunächst ist zu bemerken, dass Objektivität in diesem Sinne von Unparteilichkeit unabhängig ist. Moral ist, wie gesagt, unparteilich, wenn sie Fälle ungeachtet der Identität der beteiligten Personen gleich beurteilt. Es kann aber zweifellos eine Vielzahl von Moralsystemen geben, die miteinander unvereinbar sind, die aber gleichermaßen die Eigenschaft der Unparteilichkeit in diesem Sinne aufweisen. Moralsystem Nummer 1 würde dann z.B.

verurteilen, was Gertrud und Angelika tun, Moralsystem Nummer 2 würde es erlauben – aber beide würden darauf beharren, dass diese zwei Fälle gleich zu beurteilen sind. Nur weil wir also behaupten, dass jedes Moralsystem unparteiisch zu sein habe, müssen wir nicht auch behaupten, dass nur ein einziges Moralsystem gültig sein kann.

Wie verhält es sich nun mit der Vielzahl der moralischen Überzeugungssysteme? Einerseits ist zu betonen, dass der bloße Umstand, dass es eine solche Variabilität gibt, natürlich nicht zeigt, dass alle Moralsysteme gleichermaßen gültig sind (auch wenn sie natürlich in ihrem jeweiligen Geltungsbereich so betrachtet werden). Und sicherlich widerstrebt es uns, bestimmte moralische Überzeugungssysteme als gleichberechtigt und gültig anzuerkennen. (Als Deutscher muss man nicht weit in die Vergangenheit der eigenen Nation schauen, um ein drastisches Beispiel zu finden.)

Andererseits: Können wir angesichts der Vielzahl der Moralsysteme glaubhaft darauf bestehen, nur eine Moral sei korrekt? (Welche wäre das wohl? Sollte es zufällig die unsrige sein?)

Moralischer Relativismus
Wenn wir die Idee der Universalität der Moral ablehnen, so glauben wir, dass es eine Vielzahl unvereinbarer, aber gleichermaßen gültiger Moralsysteme geben kann. Diese Position bezeichnet man als moralischen Relativismus.

Andere Kulturen – andere Moral?

Als moralische Relativisten müssten wir unsere moralischen Urteile auf bestimmte Moralsysteme relativieren. Man kann diese Idee auf verschiedene Weise verstehen. Erstens könnte man sagen, dass moralische Urteile auf solche Überzeugungssysteme Bezug nehmen. Wenn wir also sagen, dass eine Handlung ungerecht ist, so würden wir streng genommen sagen, dass sie ungerecht-relativ-zu-unserer-Moral sei. Andere Kulturen würden dann über ganz andere Dinge sprechen – etwa darüber, ob etwas ungerecht-relativ-zur-Moral-der-Hopi sei. Allerdings ist es dann nicht mehr leicht, den Eindruck zu bestätigen, diese Moralsysteme seien tatsächlich unvereinbar. Sie würden einfach von ganz unterschiedlichen Themen handeln. Alternativ kann man als Relativist jedoch sagen, dass moralische Urteile zwar in ihrem Inhalt nicht relativiert sind, sondern von Richtigkeit oder Gerechtigkeit etc. *simpliciter* handeln, dass aber die Bewertung solcher Urteile als wahr oder falsch relativiert werden muss. (Vgl. MacFarlane 2014.)

Aber obwohl die Bedenken angesichts der Vielzahl der Moralvorstellungen nicht leicht von der Hand zu weisen sind, vertritt die Mehrzahl der Philosophen eine objektive Auffassung der Moral im Sinne eines Universalismus. Sie gehen davon aus, dass Moral in dem Sinne objektiv ist, dass weitreichende und fundamentale Differenzen zwischen moralischen Überzeugungssystemen letztlich darauf beruhen, dass mindestens eines dieser Systeme einen moralischen Irrtum enthält. Universialismus

Die Begründung für diese Form des moralischen Universalismus ist nicht schwierig zu verstehen. Wir haben weiter oben festgestellt, dass genuin moralische Überzeugungen sich dadurch auszeichnen, dass sie nicht Überzeugungen über bloße Konventionen oder andere soziale Normen sind. Wenn ich glaube, dass ich moralisch verpflichtet bin, in einer bestimmten Situation bei der Wahrheit zu bleiben, so mache ich es nicht zur Bedingung, dass meine Mitmenschen auch so handeln würden und es von mir erwarten. Genau dies unterscheidet die Orientierung an einer genuin moralischen Norm von der Befolgung einer sozialen Norm (vgl. dazu oben, Abschnitt 1.2).

Wenn man dies aber in Rechnung stellt, wird es schwierig, den Relativismus verständlich zu machen. Dem Relativismus zufolge müsste ja folgendes gelten: Ich kann eine bestimmte Handlung – etwa eine eigennützige Lüge – zwar korrekt als unmoralisch beurteilen, muss aber als aufgeklärte Person wissen, dass dieselbe Handlung für andere Betrachter als moralisch einwandfrei gelten kann. Wie soll ich diesem Gedanken Sinn abgewinnen? Nochmal: Ich darf nicht darauf verweisen, dass ich Teil einer sozialen Gemeinschaft bin, die bestimmte normative Überzeugungen und Erwartungen hat. Davon soll meine moralische Überzeugung als solche sich ja eben unabhängig machen. Aber welche anderen Eigenschaften der Handlung könnten dann dafür sorgen, dass sie verwerflich „für mich“ aber einwandfrei „für andere“ ist? Wenn es etwas an der eigennützigen Lüge gibt, das dafür sorgt, dass ich sie korrekterweise verurteile – wie kann diese fragliche Eigenschaft verschwinden, oder ihre Relevanz einbüßen, wenn jemand anders sich ihr zuwendet?

Zugunsten des Universalismus ist zudem zu sagen, dass er in der obigen Darstellung unfair präsentiert wurde. Es ist ein durchaus verbreiteter Fehler, zu glauben, moralische Universalisten müssten ihren eigenen moralischen Ansichten irgendwie einen Sonderstatus zusprechen. Im Gegenteil: Sie müssen ganz und gar nicht davon ausgehen, ihre eigenen Ansichten seien unfehlbar. Wenn man glaubt, dass es in moralischen Fragen objektiv richtige und falsche Antworten gibt, so muss man deshalb nicht glauben, dass man selbst über diese Antworten verfügt. (Zum Vergleich: Ich bin sicher, dass Fragen in der Mathematik objektiv richtige Antworten haben. Deswegen muss ich aber nicht geneigt sein, meine Versuche, sie zu beantworten, automatisch als richtig anzusehen!)

Kollektive Fehlbarkeit

Tatsächlich ist ein Hauptbeweggrund für moralische Universalisten sogar der Gedanke, im eigenen Urteil falsch liegen zu können – und zwar auch als Gruppe. Universalisten beharren speziell darauf, dass auch wir als Gruppe viele Ansichten haben, die sich als falsch (und abstoßend) erweisen können. Dieser Gedanke der kollektiven Fehlbarkeit erfordert aber die Annahme, dass es eine Wahrheit in der Moral gibt, die nicht von den Ansichten von sozialen Gruppen abhängt.

So betrachtet ist es gerade der moralische Relativismus, der mit dem Eingeständnis der eigenen Fehlbarkeit auf der Ebene des Kollektivs Schwierigkeiten hat. Wenn jede Epoche und Kultur ihre eigene moralische Wahrheit macht, dann ergibt der Gedanke, eine Epoche oder Kultur als Ganze könnte irren, wenig Sinn. Es wäre zwar möglich, dass sich unser Moralsystem intern als widersprüchlich erweist, und dass wir einige von unseren Ansichten im Lichte unserer übrigen Ansichten korrigieren müssen. Aber der Gedanke, unsere moralischen Überzeugungen könnten zwar stimmig, aber dennoch falsch sein, wäre nur schwierig mit dem Relativismus zu vereinbaren.

Toleranz gegenüber anderen Ansichten

Ein letztes Bedenken bezieht sich auf die Toleranz gegenüber abweichenden Ansichten. Der moralische Relativismus scheint oft nicht so sehr deshalb vertreten zu werden, weil er so unmittelbar einleuchtend daherkommt, sondern eher deshalb, weil er eine bestimmte Form der Toleranz auszudrücken scheint. Aber auch an diesem Punkte ist genaueres Hinsehen erforderlich.

Erstens wurde bereits deutlich, dass eine universalistische Auffassung der Moral gerade für eine besondere Bescheidenheit bezüglich der eigenen Ansichten spricht. Wenn es eine objektive Wahrheit gibt, über die wir genau so wenig automisch verfügen wie andere, so spricht das dafür, andere Standpunkte einzubeziehen und ernst zu nehmen. Für Universalisten wird die Möglichkeit, falsch zu liegen, Offenheit und Wohlwollen gegenüber allen wahrheitssuchenden Parteien gebieten.

Zweitens ist unklar, ob der Relativismus wirklich ein adäquater Ausdruck von Toleranz ist. Toleranz ist ein komplexes Phänomen. Aber ein wichtiger Aspekt scheint doch darin zu bestehen, dass Toleranz gerade dort gefragt ist, wo uns die Ansichten der anderen als verfehlt erscheinen. Die Herausforderung liegt also darin, Dinge zu tolerieren, gegen die man eigentlich Einwände hat. Wenn ich andere Gesichtspunkte nur deswegen gelten lasse, weil ich dem Gedanken an objektive Wahrheit ohnehin abgeschworen habe – mache ich es mir dann nicht zu leicht mit der Toleranz?

1.6 Ebenen: Deskriptive Ethik, normative Ethik, Metaethik

Moralische Normen können auf ganz verschiedenen Ebenen Gegenstand der Forschung werden.

Deskriptive Ethik

Erstens kann man fragen, welche Überzeugungen über Moral Menschen zu verschiedenen Zeiten und an verschiedenen Orten vertreten haben. Man beschreibt dann „die Moral" einer bestimmten Kultur oder Epoche, oder vielleicht einer bestimmten Bevölkerungsgruppe. Den eigentlichen Gegenstand bilden hier aber nicht die Forderungen der Moral selbst, sondern eher die Auffassungen der Menschen über diese Forderungen. Eine solche Disziplin wird oft als deskriptive Ethik bezeichnet. Ihre Aussagen sind beschreibend, und ihr Gegenstand ist nicht die Frage, was wir tun sollen oder dürfen, sondern die Gedanken einer bestimmten lokalen Gruppe über diese Frage. Diese Forschung ist natürlich keine genuin philosophische Aufgabe. Es handelt sich sozusagen um eine spezielle Form der angewandten Ethnologie oder Geschichtswissenschaft.

Normative Ethik

Eine zweite Disziplin ist demgegenüber ein genuin philosophisches Unterfangen: die normative Ethik. Sie beschreibt nicht, was die Menschen (alle, oder eine bestimmte Gruppe) über die Moral denken – ebenso wenig wie Mathematiker beschreiben, was Menschen über Mathematik denken. Ihr Gegenstand sind die Forderungen der Moral selbst. Die normative Ethik soll feststellen, was wir tun sollen und dürfen. Ihre Aussagen sind selbst moralischer, normativer Natur.

Metaethik

Drittens kann man sich auch auf einer noch abstrakteren Ebene mit Moral befassen. In der Metaethik, so der Name dieser Disziplin, unterwirft man moralische Urteile und ihren Gegenstand einer sprachphilosophischen, logischen und metaphysischen Analyse. So untersucht man z.B. moralische Urteile auf ihre semantischen und logischen Eigenschaften. Haben moralische Urteile einen Inhalt, der wahr oder falsch sein kann? Oder handelt es sich eher um andere Arten von Urteilen – vielleicht um Befehle, oder Gefühlsbekundungen? Kann man mit moralischen Urteilen schlussfolgern wie mit anderen Sätzen? Gibt es moralische Eigenschaften und Tatsachen?

Einige Fragen der Metaethik wurden in diesem ersten Kapitel behandelt, etwa Fragen nach der Natur moralischer Normen, oder nach dem Verhältnis von moralischen und nicht-moralischen Tatsachen. Der Hauptgegenstand dieses Buches ist im Folgenden aber die normative Ethik.

Weiterführende Literatur:

Einen sehr guten Überblick über die Geschichte der Moralphilosophie von der Antike bis in die Gegenwart bietet Irwin (2007 ff). Gelungene Handbücher zur allgemeinen Ethik sind Copp (2007) und Singer (1993).

2. Bausteine moralischen Denkens

In diesem Kapitel werden einige der Begriffe erläutert, mit denen moralisches Denken und Urteilen operiert. Das wird uns erstens einen Überblick darüber verschaffen, welche Typen von Urteilen die Disziplin der normativen Ethik zu prüfen und zu begründen hat. Und da wir mit moralischen Begriffen moralische Phänomene zu erfassen suchen, hilft dieser Überblick zweitens auch dabei, einen Eindruck von der Diversität und den Beziehungen moralischer Phänomene zu erhalten.

Auf der höchsten Ebene lassen sich zwei große Gruppen von Begriffen unterscheiden, mit denen moralisches Denken und Urteilen operiert – Wertbegriffe (oder: evaluative Begriffe) und Pflichtbegriffe (oder: deontische Begriffe). Beide Familien sollen nun genauer botanisiert werden.

2.1 Evaluative Begriffe

In die erste Gruppe fallen, wie gesagt, sogenannte Wertbegriffe oder evaluative Begriffe.

Evaluative Begriffe
Evaluative Begriffe werden z.B. durch „gut", „erstrebenswert", „löblich", „bewundernswert", oder auch durch „schlecht", „böse", „abstoßend", „gemein" und viele weitere sprachliche Mittel ausgedrückt. Ein wichtiges Unterscheidungsmerkmal dieser Begriffe gegenüber Pflichtbegriffen (s.u.) ist, dass sie Steigerungsformen zulassen. Wir können ohne weiteres zwei Gegenstände für gut halten und dabei darauf beharren, dass einer von beiden aber in höherem Maße gut (i.e., besser) sei.

Es ist dabei eine offene Frage, ob absolute oder komparative Formen grundlegend sind. Man kann einerseits den Begriff des Guten als primär ansehen. Besser oder schlechter zu sein wäre dann Sache des Grades, in dem das Gute verwirklicht wird.

Autoren wie John Broome (*1947) behaupten hingegen, dass wir umgekehrt den Begriff des Guten durch den Begriff des Besser-Seins erläutern sollten. Wenn man z.B. fragt: „Ist es gut, mit John Broome

78 zu sterben?“, so gibt es kaum eine eindeutige Antwort. Die komparativen Antworten hingegen sind klar: Es ist besser als mit 68 zu sterben, aber schlechter als mit 88 zu sterben (vorausgesetzt natürlich, dass man überhaupt etwas Gutes an seinem Leben findet). Die Unklarheiten in Bezug auf das absolute, nichtkomparative Urteil scheint darauf zu beruhen, dass wir nicht genau wissen, welcher Vergleich angemessener ist. Und das deutet darauf hin, dass wir die Rede vom Guten letztlich in komparativen Begriffen des Besserseins verstehen. Unser Grundbegriff wäre demnach der komparative Begriff. Gut zu sein im „absoluten“ Sinne könnte dann so etwas heißen wie: besser zu sein als ein gewisser, durch den Kontext definierter Schwellenwert (vgl. dazu Broome 1999).

Intrinsischer Wert oder instrumenteller Wert

Evaluative Begriffe können intrinsischen Wert oder aber instrumentellen Wert zuschreiben (vgl. Korsgaard 1983). Intrinsischer Wert liegt dort vor, wo etwas um seiner selbst willen schätzenswert ist. Z. B. mag Peter das Tanzen in diesem Sinne für gut befinden, weil er eben Tanzen um des Tanzens willen schätzt. Tanja hingegen könnte Tanzen nur in dem Sinne als gut beurteilen, dass es für ein bestimmtes Ziel gut ist – etwa dazu, Peter bei Laune zu halten. Auch in der Moral gibt es intrinsischen und instrumentellen Wert. Es ist plausibel zu sagen, dass Lydias Gesundheit um ihrer selbst willen gut ist (intrinsischer Wert), und dass es aus diesem Grunde auch gut ist, wenn ich sie finanziell unterstütze, weil sie ein Medikament braucht (instrumenteller Wert).

Wertbegriffe: prädikativ und attributiv

Wertbegriffe treten oft als attributive Adjektive auf (vgl. Geach 1956, Thomson 2003). Das heißt, sie treten in der Kombination „*x* ist ein gutes F“ auf, wobei diese Aussage nicht die beiden Aussagen „*x* ist gut“ und „*x* ist ein F“ impliziert. Sage ich z.B., dass Mike ein guter Boxer ist, heißt das nicht, dass Mike erstens ein Boxer und zweitens gut ist. (Wären diese Konstruktionen so zu verstehen, so würden die Aussagen: „Mike ist ein guter Boxer“ und „Mike ist ein Mensch“ die Aussage: „Mike ist ein guter Mensch“ implizieren.) Andere Adjektive – sogenannte prädikative Adjektive – lassen dies durchaus zu. (Zum Beispiel impliziert: „Dies ist ein grünes Fahrrad“ durchaus die Aussagen: „Dies ist ein Fahrrad“ und „Dies ist grün.“) Es ist eine kontroverse Frage, ob moralische Wertbegriffe nur in der Form von prädikativen Adjektiven vorkommen, ob also jedes moralische Urteil „*x* ist gut“ eigentlich eine Vervollständigung als „*x* ist ein gutes F“ verlangt.

Wertbegriffe: dünn und dicht

Zu guter Letzt kann man zwischen dünnen und dichten Wertbegriffen unterscheiden (vgl. Williams 1985). Dünne Wertbegriffe – wie „gut“ oder „schlecht“ – sind in ihrer Bedeutung gänzlich darauf beschränkt, eine Bewertung auszudrücken. Dichte Wertbegriffe hingegen haben neben ihrem wertenden Aspekt auch einen beschreibenden Aspekt. Wenn wir z.B. etwas als feige bezeichnen, dann bewerten wir es einerseits negativ, sagen aber andererseits auch etwas über seine faktische Beschaffenheit – nämlich, dass es sich um ein bestimmtes Verhalten angesichts einer vermeintlichen Gefahr handelt. Verwenden wir „feige" hingegen für etwas, das nichts mit Verhalten angesichts einer Gefahr zu tun hat, so vermitteln wir ein falsches Bild. Auch wenn die intendierte negative Bewertung zutrifft, haben wir eine falsche Beschreibung gegeben.

Bernard Williams

Wegen dieses beschreibend-bewertenden Doppelaspekts sagt Bernard Williams (1929–2003), dichte Begriffe seien sowohl world-guided (denn in ihrem beschreibenden Aspekt sollen sie der Welt entsprechen) als auch action-guiding (denn ihr bewertender Aspekt drückt aus, ob man sich entsprechend verhalten soll). Ähnliches gilt für einen Ausdruck wie „aufrichtig", der erstens eine positive Bewertung enthält und zweitens die Information trägt, dass jemand seiner Überzeugung entsprechend agiert hat. Es gibt zahllose weitere Beispiele für dichte Wertbegriffe.

2.2 Deontische Begriffe

Deontische Begriffe

Deontische Begriffe (aus dem Griechischen *to deon*, die Pflicht) drücken wir durch Worte wie „richtig", „fasch", „müssen", „dürfen", „verboten", „verpflichtend", „verbindlich" usw. aus.

Diese Begriffe unterscheiden sich von Wertbegriffen in einer generellen Weise, obwohl es nicht ganz einfach ist, diesen generellen Unterschied zu fassen zu bekommen. Aber folgendes lässt sich sagen: Wertbegriffe helfen uns dabei, verschiedene Handlungsoptionen danach zu ordnen, ob sie moralisch erstrebenswert oder zu vermeiden sind. Deontische Begriffe hingegen beschränken, welche Optionen überhaupt in Frage kommen.

Wenn eine Handlung z.B. geboten ist, dann stehen ihre Alternativen gar nicht zur Debatte, und die Frage, ob die Alternativen nicht auch einige Vorzüge haben, ist für die weitere Entscheidung nicht mehr relevant. Deontische Begriffe schließen Optionen ein oder aus, evaluative Begriffe setzen Optionen in komparative Beziehungen.

Operator „Es ist geboten, dass ...“

Eine zentrale Gruppe von deontischen Begriffen unterhält enge begriffliche Beziehungen. Sie lassen sich sogar auf einen einzigen Grundbegriff zurückführen. Z.B. kann man den Operator „Es ist geboten, dass ...“ als Grundausdruck nehmen. Dann kann man diese Analysen vorschlagen:

Es ist verboten, dass P = def Es ist geboten, dass nicht-P
Es ist erlaubt, dass P = def Es ist nicht geboten, dass nicht-P

Die Logik dieser Begriffe ist dennoch nicht immer leicht zu durchschauen. Man würde ja z.B. erwarten, dass dann, wenn es geboten ist, dass P, auch alles geboten ist, was nach streng logischen Regeln aus P folgt. Aber eine Reihe von Paradoxien in der deontischen Logik zeigt, dass dies nicht gilt. So impliziert: „Ich werfe den Brief ein.“ logisch den Satz: „Ich werfe den Brief ein oder ich verbrenne den Brief.“ (Um das zu überprüfen, muss man sich lediglich deutlich machen, dass immer dann, wenn der erste Satz wahr ist, auch der zweite wahr sein muss.) Und dennoch würden wir uns sträuben, zu sagen, dass aus: „Es ist geboten, dass ich den Brief einwerfe.“ logisch folgt: „Es ist geboten, dass ich den Brief einwerfe oder dass ich den Brief verbrenne.“ (vgl. Ross 1941)

Deontische Begriffe lassen keine Steigerungsformen zu. Anders als im Falle des Guten kann man z.B. von zwei erlaubten Handlungen nicht sagen, eine von ihnen sei „erlaubter“ – das ist nicht einmal grammatisch richtig. (Gleiches gilt für die Rede von „noch gebotener“ oder „noch verbotener.“)

Schwacher Notwendigkeitsausdruck

Ein weiterer deontischer Ausdruck ist „sollen.“ Er weist freilich eine Doppeldeutigkeit auf. Mitunter drückt er einfach den Status des Gebotenseins aus; in dieser Verwendung ist er gleichbedeutend mit „müssen“. Wir können „soll“ aber auch als etwas verstehen, was Linguisten einen schwachen Notwendigkeitsausdruck nennen. In diesem Sinne ist z.B. eine „Soll“-Vorschrift keine „Muss“-Vorschrift. Diese schwächere Verwendung markieren wir im Deutschen oft durch „sollte.“ Hier wird ganz deutlich, dass man sagen kann: „Du solltest es tun, du musst aber nicht.“

ought to be und ought to do

Noch ein weiterer Aspekt des Ausdrucks „sollen“ ist im Auge zu behalten. Mitunter drückt „soll“ nämlich gar keinen deontischen Begriff aus, sondern eine Bewertung. Wenn wir sagen: „Peter sollte auch einmal Glück haben“, dann drücken wir aus, dass es gut wäre, wenn Peter einmal Glück hätte. Wir sagen aber nicht automatisch, dass es für irgendjemanden geboten ist, etwas dafür zu tun. Diese wertende Verwendung von „sollen" heißt auch die ought-to-be-Verwendungsweise, die deontische hingegen wird als ought-to-do-Verwendungsweise bezeichnet (siehe Broad 1985).

Positive und negative Pflichten

Im Bereich unserer moralischen Pflichten gibt es eine Unterscheidung, die vielen Autoren als bedeutsam gilt und die wir auch im Alltag bisweilen wichtig zu nehmen scheinen. Dies ist eine Unterscheidung zwischen positiven und negativen Pflichten. Einfach gesagt: Positive Pflichten verlangen, dass wir bestimmte Dinge tun, negative Pflichten hingegen verlangen, dass wir bestimmte Dinge nicht tun. Dieser Unterschied ist deshalb ethisch bedeutsam, weil viele Menschen den Eindruck haben, dass negative Pflichten schwerer wiegen als positive Pflichten. Ein typisches Beispiel einer positiven Pflicht wäre eine Pflicht der Wohltätigkeit – die Pflicht also, anderen Gutes zu tun und sie zu unterstützen. Eine negative Pflicht wäre die des Nicht-Schädigens – die Pflicht etwa, andere nicht zu verletzen oder zu berauben. Der besagte Unterschied im Gewicht beinhaltet dann z.B., dass es zwar falsch ist, anderen nicht zu helfen, obwohl man es leicht könnte (also eine positive Pflicht zu verletzen), dass es aber ungleich schlimmer wäre, diesen anderen aktiv zu schaden (und so eine negative Pflicht zu verletzen). Ein weiteres Beispiel: Viele Menschen halten es für zulässig, das Leben eines irreversibel komatösen Patienten nicht durch medizinische Mittel eigens zu verlängern. Einige dieser Menschen würden es jedoch nicht zulässig finden, das Leben eines solchen Patienten durch eine aktive Tötung zu beenden. Diese Kombination von Ansichten ließe sich so rechtfertigen: Die positive Pflicht, jemandes Leben zu verlängern, wiegt weniger schwer als die negative Pflicht, jemanden nicht zu töten. Daher wird die Erstere leichter überwogen.

Jedes Gebot auch ein Verbot

Freilich: Diesen Unterschied zwischen Pflichten genau zu erklären ist nicht leicht. Zunächst einmal lässt sich, wie wir gesehen haben, jedes Gebot auch als ein Verbot formulieren, und umgekehrt. Meine Pflicht, Peter zu helfen, ließe sich dann auch als ein Verbot des Nicht-Helfens auffassen. Es stimmt aber auch, dass diese letztere Formulierung uns als künstlich erscheint. Wenn man wirklich einen Unterschied zwischen positiven und negativen Pflichten sieht, so muss dieser letztlich darauf beruhen, dass man einen realen Unterschied zwischen aktiven und passiven Verhaltensweisen, oder zwischen Tun (etwa: Peter zu helfen) und Unterlassen (etwa: Peter nicht zu helfen) anerkennt.

Positive Pflichten wären dann solche, die Handlungen in diesem engeren, aktivischen Sinne verlangen, negative Pflichten wären die, die ebensolche Handlungen untersagen.

pro tanto oder alles in allem geboten

Eine weitere Differenzierung nennt William D. Ross (1877–1971) (vgl. Ross 1930). Deontische Begriffe beschreiben zwei Arten von Status. Etwas kann pro tanto geboten (oder verboten) oder alles in allem geboten (oder verboten) sein. Nennen wir etwas pro tanto geboten, so meinen wir, dass es geboten ist, sofern keine besonderen, gewichtigen Gründe dagegen sprechen. Sagen wir z.B.: „Es ist geboten, Versprechen zu halten", so ist meist der pro-tanto-Status gemeint. Wir meinen nicht, dass es unter keinerlei Umständen zulässig ist, ein Versprechen zu brechen. Wir meinen nur, dass es besonderer Umstände bedarf, um das pro-tanto-Gebot außer Kraft zu setzen.

Bipolare Pflichten

Ein weiterer bemerkenswerter Umstand ist dieser: Viele unserer Pflichten oder Gebote sind in gewissem Sinne gerichtet. Man spricht auch von bipolaren Pflichten. Gemeint ist damit dies: Oft, wenn wir verpflichtet sind, etwas zu tun, dann gibt es jemanden, dem gegenüber wir diese Pflicht haben. Wenn ich Peter versprochen habe, ihn abzuholen, dann bin ich nicht einfach verpflichtet (jedenfalls pro tanto), ihn abzuholen. Ich bin ihm gegenüber verpflichtet, es zu tun; ich schulde es ihm. Die Gerichtetheit von Pflichten offenbart sich in der Angemessenheit oder Unangemessenheit bestimmter Reaktionen. Wenn ich meine Pflicht Peter gegenüber verletze, dann kann mich zwar im Prinzip jeder dafür kritisieren. Aber nur Peter, so scheint es, ist in der Position, mir zu grollen, oder auch mir ggf. zu verzeihen.

Moralische Rechte

Solche gerichteten Pflichten erfassen wir oft mit einer weiteren Kategorie, derjenigen eines moralischen Rechts. Wir kennen die Redeweise von Rechten natürlich aus dem juristischen Bereich („Ich kenne meine Rechte!"). Aber wir sprechen von Rechten auch im moralischen Sinne. (Mitunter kritisieren wir das positive Recht ja gerade dafür, dass es den eigentlichen Rechten von Personen nicht richtig entspricht. Wenn wir diese Kritik üben, so sind moralische Rechte unser Maßstab.) Der Begriff eines Rechts ist dabei in beiden Bereichen vieldeutig. Der Jurist Wesley Hohfeld (1879–1918) hat eine generelle Analyse und Klassifizierung vorgelegt (vgl. Hohfeld 1913).

Wesley Hohfeld

Hohfeld zufolge sprechen wir einem grundlegenden Sinne von Rechten, wenn wir jemandem einen Anspruch (claim right) auf etwas zuerkennen. Wenn ich Peter versprochen habe, ihn abzuholen, hat er in diesem Sinne ein Recht, also einen Anspruch, darauf, dass ich es tue. Ein solches Anspruchsrecht Peters gegen mich besteht, so Hohfeld, einfach darin, dass ich Peter gegenüber verpflichtet bin, ihn abzuholen. In einem anderen Sinne sprechen wir von Rechten als Privilegien (privilege). Wir sagen z.B., dass ich das Recht habe, Peter nicht in meine Wohnung zu lassen. Hohfeld analysiert dies so, dass ich Peter gegenüber nicht verpflichtet bin, ihn hineinzulassen. Es ergibt sich: Ich habe ein solches Privilegsrecht Peter gegenüber genau dann, wenn Peter kein entsprechendes Anspruchsrecht mir gegenüber hat. Zusammengefasst heißt das:

A hat ein Anspruchsrecht darauf, dass B *x* tut
$=_{def}$ B ist A gegenüber verpflichtet, *x* zu tun.

A hat B gegenüber ein Privilegsrecht, *x* zu tun
$=_{def}$ A ist B gegenüber nicht verpflichtet, *x* nicht zu tun.

Befugnis und Immunität

Allerdings kann mit der Rede von Rechten, so Hohfeld, noch mehr gemeint sein. Wir bezeichnen mit Rechten auch Fähigkeiten, auf das Vorliegen von Anspruchsrechten oder Privilegsrechten Einfluss zu nehmen. Z.B. sagen wir, dass ich das Recht habe, Peter den Zutritt zu meiner Wohnung zu erlauben. Während Peter also ohne Weiteres kein Recht (Privilegsrecht) hat, meine Wohnung zu betreten, ist es mir möglich, ihm dieses Recht zu geben (indem ich ihn hereinbitte). Diese Fähigkeit, Anspruchs- und Privilegsrechte zu verändern, nennt Hohfeld Befugnis (*power*). Schließlich gibt es einen weiteren Sinn, in dem man sagen kann, dass ich ein Recht über meine Wohnung habe, das Peter nicht hat. Ich kann Peter das Recht, in meiner Wohnung zu sein, wieder entziehen, aber Peter kann mir mein Recht, dort zu sein, nicht entziehen. Ich genieße, so Hohfeld, ein Immunitätsrecht (*immunity*), das darin besteht, dass Peter mir gegenüber keine Befugnis einer bestimmten Art hat.

2.3 Moralische Gründe

Eine letzte wichtige Kategorie moralischer Ausdrücke ist diejenige eines moralischen Grundes. Grundsätzlich ist uns die Verwendung des Begriffs eines Grundes gut vertraut. Ein Versprechen ist z.B. ein Grund, das Versprochene zu tun. Und das (Anspruchs-)Recht meines Freundes auf Privatsphäre ist ein Grund für mich, nicht in seinem Tagebuch zu lesen. Dabei ist der Begriff nicht auf den Bereich der Moral eingeschränkt. Von Gründen sprechen wir überall, wo Normativität im Spiel ist. Aber wegen seiner zentralen Rolle gehört eine Charakterisierung dieses Begriffs hierher.

Handlungsgründe

Eine wichtige Unterscheidung im Bereich der Rede von Gründen ist zunächst diejenige zwischen Gründen in einem rein kausalen Sinne und Handlungsgründen in einem engeren Sinne. Wir können z.B. sagen, ein Erdbeben sei ein Grund für einen Vulkanausbruch. Hier ist nur gemeint, dass das Erdbeben eine Ursache des Ausbruchs war. Doch wir sprechen auch in einem engeren Sinne von Gründen. Und wir würden z.B. nicht sagen, dass das Erdbeben ein Grund für den Vulkan war, auszubrechen. Auch würden wir nicht sagen, dass der Vulkan einen Grund hatte, auszubrechen. Die letzteren Redeweisen greifen Handlungsgründe in einem engeren Sinne heraus.

Natürlich haben auch menschliche Handlungen Gründe im ersten, rein kausalen Sinne. Wir können z.B. sagen: „Der Grund, warum Peter den Kellner anschreit, ist, dass Peter so überarbeitet ist." Hier geben wir eine Erklärung, aber wir würden nicht sagen wollen, dass die Überarbeitung ein Grund für Peter ist, den Kellner anzuschreien. Sie ist kein Handlungsgrund im engeren Sinne.

Handlungsgründe, so kann man sagen, sind Erwägungen, aus denen heraus ein Handelnder plausiblerweise eine Handlung zu vollziehen beschließen könnte. Im Bereich dieser Hand-

Normative Gründe vs. motivierende Gründe

Normative Gründe für eine bestimmte Handlung sind Erwägungen, die dafür sprechen, diese Handlung zu vollziehen – die also die Tendenz haben, es richtig oder gut zu machen, sie zu vollziehen. Wenn wir in diesem Sinne von Gründen für eine Handlung sprechen, ist damit nicht gesagt, dass diese Handlung tatsächlich vollzogen wird. Es kommt allzu oft vor, dass wir nicht das tun, wofür die besten normativen Gründe sprechen. Und selbst wenn wir die Handlung vollziehen, für die die besten normativen Gründe sprechen, so ist damit noch nicht gesagt, ob diese normativen Gründe in diesem Handeln tatsächlich irgendeine Rolle spielen. Gründe im normativen Sinne sind zunächst einmal nur für die Bewertung einer möglichen Handlungsoption von Belang.

Motivierende Gründe für eine bestimmte Handlung hingegen sind diejenigen Erwägungen, aus denen heraus die Handlung tatsächlich vollzogen wird. So sagen wir zum Beispiel, dass der Umstand, dass mein Hotel brennt, mein Grund war, aus dem Fenster in den Kanal zu springen.

lungsgründe gibt es aber eine weitere Differenzierung. Wir sprechen einerseits von sogenannten normativen Gründen und andererseits von sogenannten motivierenden Gründen.
Damit eine Erwägung ein motivierender Grund sein kann, muss sie offenkundig eine bestimmte Rolle in den Überlegungen des Akteurs spielen. Ich kann nur dann aus einem Grund heraus eine bestimmte Handlung vollziehen, wenn mir dieser Grund bekannt ist und wenn der Gedanke an den Grund mich tatsächlich bewegt, entsprechend zu handeln. Wenn ich gar nicht glaube, dass das Hotel brennt, dann kann man auch nicht sagen, ich sei aus dem Grunde gesprungen, weil es brennt.

Psychologismus

Dieser Umstand hat eine ganze Reihe von Autoren dazu bewegt, zu sagen, dass motivierende Gründe dasselbe seien wie bestimmte psychologische Zustände des Handelnden – etwa seine Überzeugung darüber, dass es brennt. Diese Sichtweise (die mitunter als Psychologismus bezeichnet wird), hat den Vorteil, dass sie Fälle gut beschreiben kann, in denen Irrtümer vorliegen. Angenommen, mein Hotel brennt gar nicht wirklich – ich glaube es nur fälschlich. Dann werde ich sicherlich ebenfalls springen, und es scheint plausibel, dass ich aus demselben Grund springe wie im zuvor skizzierten Fall (mit dem echten Feuer). Wenn es so ist, dann scheint mein motivierender Grund in beiden Fällen der Umstand sein zu müssen, dass *ich glaube*, dass es brennt. Immerhin kann man im zweiten Falle, dem Irrtumsfalle, unmöglich zutreffend sagen, ich spränge, weil es brennt.

Viele Autoren halten motivierende Gründe daher für psychologische Zustände. Normative Gründe hingegen, so wird zumeist angenommen, seien Tatsachen – und zwar meistens solche, die es nicht mit den Zuständen des Handelnden zu tun haben. Wir würden dann die beiden Fälle wie folgt kontrastieren: In beiden Fällen besteht der motivierende Grund, aus dem ich springe, darin, dass ich glaube, dass das Hotel brennt. Nur im günstigen Falle jedoch gibt es einen normativen Grund, der wirklich dafür spricht, zu springen. Der Grund ist die Tatsache, dass das Hotel brennt.

Obwohl dieses Bild verbreitet ist, gibt es Autoren, die unzufrieden sind (Dancy 2000, Halbig 2007, Henning 2018). Wenn ein motivierender Grund z.B. ein Grund ist, aus dem heraus ich beschließe, aus dem Fenster zu springen, dann ergibt jenes Bild wenig Sinn. Es ist ja nicht etwa so, als würde mein eigener psychologischer Zustand es in meinen Augen richtig machen, zu springen. Mein Sprung ist keine Reaktion auf den eigenen Zustand („Huch, eine Überzeugung über Feuer!“).

Metapher des Gewichts

Wir konzentrieren uns im Folgenden aber auf normative Gründe. Solche Gründe begründen einen Beschluss nur selten im Alleingang. Zumeist sprechen verschiedene Gründe für und wider verschiedene Handlungsoptionen. Unsere Aufgabe besteht darin, diese Gründe gegeneinander abzuwägen. Dieser Prozess ist logischen Analysen unterzogen worden (siehe z.B. Horty 2012). Im Alltag beschreiben wir ihn zumeist mit der Metapher des Gewichts. Stärkere Gründe, so sagen wir, haben größeres Gewicht. Und im Abwägen von Gründen addieren und vergleichen wir das Gewicht der verschiedenen Gründe für und wider verschiedene Optionen.

Wenn eine Option Gründe auf ihrer Seite hat, die mindestens so schwer wiegen wie die Gründe für die Alternativen, dann sprechen wir von einem hinreichenden Grund für die fragliche Option. Hat eine Option Gründe auf ihrer Seite, die sogar schwerer wiegen als die Gründe für jede Alternative, so sprechen wir auch von einem entscheidenden Grund für die fragliche Option.

Wie verhält sich nun die Kategorie eines moralischen Grundes zu den zuvor unterschiedenen Begriffsfamilien, i.e. zu den deontischen Begriffen und den Wertbegriffen? Das ist nicht ohne Weiteres leicht zu sagen. Zunächst einmal scheinen Gründe durchaus mit beiden Arten von Begriffen zusammenzuhängen. Wenn es etwas an einer Handlung gibt, das wertvoll (gut, erfreulich, erstrebenswert etc.) ist, so würde man sicherlich sagen wollen, dass dies ein Grund ist, die Handlung zu vollziehen. In dieser Hinsicht hängen Gründe also eng mit Werten zusammen.

Deontischer Status

Gleichzeitig ist die charakteristische Rolle eines normativen Grundes – das verrät schon der Name – die, ein abschließendes Urteil darüber zu begründen, was zu tun ist, was also getan werden soll. Und der Status des Sollens ist ein deontischer. Ebenso gilt: Wenn wir zwingende moralische Gründe haben, etwas zu tun, dann ist es falsch, es nicht zu tun. Auch dies ist ein deontischer Status.

Gründe scheinen also lebhafte Beziehungen sowohl zu Werten aus auch zu Pflichten zu unterhalten. Die Natur der Beziehung ist dabei in beiden Fällen ein Gegenstand lebhafter Debatten.

Beispielsweise ist unklar, wie genau sich normative Gründe zum Sollen verhalten. Speziell lautet eine umstrittene Frage, welcher dieser Begriffe eigentlich basal ist. Ist der Begriff des normativen Grundes durch den Begriff des Sollens zu erläutern, oder doch umgekehrt der Begriff des Sollens durch den des normativen Grundes? Beide Varianten haben ihre Anhänger. Einerseits ist es natürlich (und ich selbst habe es weiter oben getan), normative Gründe für eine Handlung als etwas zu verstehen, das dafür spricht, dass eine Handlung vollzogen werden soll. Das würde es nahelegen, das Sollen als den Grundbegriff zu verstehen und Gründe davon ausgehend zu erläutern.

John Broome

Ein eleganter Vorschlag stammt von John Broome. Er beobachtet, dass Gründe allgemein (sogar Gründe im rein kausalen Sinne, s.o.) immer eine erklärende Rolle spielen. Das heißt, dass wir sie durch „weil"-Sätze anführen können. Wir können z.B. sagen, dass der Vulkan ausgebrochen ist, weil es ein Erdbeben gab (ein kausaler Grund), oder dass ich aus dem Fenster springe, weil es brennt (ein motivierender Grund). Auch normative Gründe passen in das Schema, so Broome. Sie sind Erklärungen für Sollenstatsachen (s. Broome 2013). Den normativen Grund für meinen Sprung nennen wir, indem wir sagen, dass ich aus dem Fenster springen sollte, weil es brennt.

Erklärungen für Sollenstatsachen

Dieser Vorschlag hat den Vorzug, uns einerseits zu erläutern, was alle Gründe (auch solche im weitesten, kausalen Sinne) gemein haben, andererseits aber auch systematisch zu zeigen, wie sich ihre spezifischen Differenzen (als rein kausale, motivierende oder normative Gründe) ergeben. Das Spezifikum liegt dabei immer in der Natur des Explanans, für das ein „weil" angeführt wird. Normative Gründe wären Erklärungen für spezielle, normative Tatsachen, eben Sollenstatsachen.

Allerdings gibt es auch Zweifel an diesem Vorschlag. Das Problem ist, dass wir nicht immer dann, wenn wir einen gewissen Grund haben, eine Handlung zu vollziehen, diese Handlung auch automatisch alles in allem vollziehen sollen. Gründe können eben „überwogen" werden. Es hat sich als schwierig erwiesen, diesem Umstand durch den Bezug auf das Sollen Rechnung zu tragen.

Vielleicht verstehen wir die Kategorie eines Grundes und die spezielle Weise, wie Gründe abgewogen und ggf. „überwogen" werden, also doch unabhängig vom Sollen? Dazu kommt, dass der relevante Sinn von „sollen" seinerseits der Erläuterung bedarf, und dass dafür in der Tat die Kategorie des Grundes nützlich sein kann. Zur Erinnerung: Wir können den Begriff des Sollens ja in einem rein evaluativen Sinne, dem des *ought to be*, verwenden. Nicht immer, wenn wir „sollen" sagen, wollen wir also ausdrücken, dass jemand etwas zu tun habe. Um das praktische „Sollen" (das *ought to do*) zu identifizieren, wird es daher manchmal als das „Sollen der praktischen Gründe" bezeichnet. Dieser Sichtweise zufolge wäre also der Begriff des normativen Grundes fundamental.

Joseph Raz: Wertbasierte Auffassung von Gründen

Ähnliche Fragen nach dem Primat ergeben sich auch in der Beziehung zwischen Gründen und Werten. Einerseits ist es, wie gesagt, einleuchtend, Werte für primär zu halten. Wir können Gründe für eine Handlung trefflich erklären, indem wir auf gute Aspekte derselben hinweisen. Das spricht für eine wertbasierte Auffassung von Gründen, die etwa Joseph Raz (*1939) vertritt.

Allerdings hat auch diese Auffassung ihre Gegner. Sie weisen darauf hin, dass Werte eine ganz spezielle Natur haben. Werte unterscheiden sich fundamental von anderen Eigenschaften wie Farbe, Form und Gewicht. Der Unterschied ist dabei speziell der folgende: Werte sind solche Eigenschaften, die bestimmte Reaktionen verdienen oder angemessen machen. Das Gute verdient nicht nur, zur Kenntnis genommen zu werden. Wenn wir etwas als gut erkennen, dann sind wir parteiisch und für die Beförderung dieses Guten eingenommen. Viele unserer Wertvokabeln sind in dieser Hinsicht sogar ganz explizit: Etwas, das wünschenswert oder erstrebenswert oder bewundernswert ist, dass wird nicht einfach faktisch gewünscht oder erstrebt oder bewundert (es kann, muss aber nicht so sein), sondern es *soll* gewünscht oder erstrebt oder bewundert werden.

Thomas Scanlon: Gründe-basierte Auffassung von Werten

Das ist ein wichtiger Befund. Denn es legt nahe, dass unser Verständnis von Wert vielleicht auf deontischen Begriffen beruht – also auf dem Gedanken, dass etwas gewünscht, befördert oder bewundert werden soll. Daher gibt es auch Autoren, die eine Gründe-basierte Auffassung von Werten vertreten. Ein wichtiger Vertreter ist Thomas Scanlon (*1940) Ihm zufolge nennen wir etwas wertvoll, wenn wir sagen wollen, dass es bestimmte Eigenschaften hat, die uns Gründe geben oder verlangen, Reaktionen wie Wertschätzung oder Wohlwollen oder Bewunderung zu zeigen.

2.4 Bridging the Gap?

Zusammenfassung

Zusammengefasst: Es gibt zwei begriffliche Register, in denen wir moralische Sachverhalte thematisieren – das deontische (i.e., Begriffe der Pflicht und des Sollens) und das evaluative (i.e., Begriffe des Guten und Schlechten). Es liegt auf der Hand, dass diese zwei Bereiche oder Register nicht vollkommen beziehungslos nebeneinander existieren. So wurde bereits deutlich, dass etwa die Kategorie eines normativen Grundes intensive Beziehungen zu beiden unterhält.

Es stellt sich daher die Frage, ob es etwas ganz Allgemeines oder Prinzipielles über den Zusammenhang dieser Bereiche zu sagen gibt. Philosophen suchen in diesem Zusammenhang, so wurde bereits mehrfach deutlich, zumeist nach Wegen, Begriffe auf andere Begriffe zurückzuführen. Gibt es vielleicht die Möglichkeit, unsere Rede von Pflichten erschöpfend durch Wertbegriffe zu erläutern? Oder ist es eher umgekehrt – haben also Pflichtbegriffe das Primat?

George E. Moore: Primat der Werte

Auch diese Frage ist in der Philosophie – was auch sonst? – umstritten. Ein Primat der Werte behauptet z.B. der Philosoph George E. Moore (1873–1958). Moore hielt es für eine Tautologie, dass eine Handlung genau dann richtig ist, wenn sie die besten Konsequenzen hat – also genauer: Konsequenzen, die nicht schlechter sind als die Konsequenzen aller Alternativen. Moore erweist sich damit nicht nur als Vertreter einer konsequentialistischen Ethik, die im nächsten Kapitel näher diskutieren werden soll. Seine These ist eine begriffliche. Er behauptet, dass allein die Beherrschung des (deontischen) Begriffs des Richtigen uns letztlich zu der Einsicht führen müsse, dass Richtig-sein durch die evaluative Kategorie des Besser-seins von Konsequenzen erklärt werden muss.

Immanuel Kant: Primat der Pflichten

Umgekehrt behauptet Immanuel Kant, dass moralische Wertbegriffe durch Pflichtbegriffe zu erläutern sind. Moralisch gut ist eine Handlung, so Kant, genau dann, wenn jemand, der von der wahren Einsicht in die moralische Pflicht geleitet ist, diese Handlung ausführen wollen würde.

Wir können diesen Streit hier nicht entscheiden. Aber ich möchte auf ein Problem hinweisen, mit dem beide Parteien gleichermaßen konfrontiert sind. Es scheint ein moralisches Phänomen zu geben, das zeigt, dass Werte und Pflichten doch in gewissem Grade unabhängig sind, und dass Versuche, die einen auf die anderen zurückzuführen, in beiden Richtungen problematisch sind.

Das fragliche Phänomen bezeichnet man oft als Supererogation (vgl. Urmson 1958).

Supererogation
Man nennt eine Handlung dann supererogatorisch, wenn sie „über das Geforderte hinausgeht" – wenn sie also einerseits nicht verpflichtend ist (i.e., wenn Alternativen ebenfalls zulässig wären), wenn sie aber andererseits in moralischer Hinsicht gerade besonders wertvoll ist.

Wie hat man sich solche Fälle vorzustellen? Typischerweise werden heldenhafte Taten als Beispiele angeführt. Solche Handlungen verlangen ein Maß an Aufopferung, das einerseits immens bewundernswert ist, das aber andererseits nicht von jedermann gefordert oder verlangt sein kann.

Ein eindrucksvolles Beispiel ist Maximilian Kolbe (1894–1941), der im Sommer 1941 im KZ Auschwitz freiwillig anstelle eines anderen Häftlings (eines Familienvaters) die Todesstrafe (zunächst langes Hungern im Hungerbunker, schließlich eine Giftspritze) auf sich genommen hat.

Angesichts einer solchen Handlung erscheint es einerseits richtig zu sagen, dass sie moralisch wirklich außerordentlich gut und bewundernswert, geradezu heldenhaft war. Andererseits scheint es auch richtig zu sagen, dass Kolbe nicht verpflichtet war, so zu handeln. Man könnte dies dadurch begründen, dass Moral zwar gewiss Anstand und Tugend verlangen darf, dass sie aber andererseits nicht fordern könnte, dass sich jedermann zu den eindrucksvollsten Heldentaten bereitfinden muss. Forderungen der Moral, so kann man sagen, dürfen sicherlich hoch sein, aber müssen sich doch irgendwie im Rahmen dessen bewegen, was man auch von Normalsterblichen erwarten darf.

Tatsächlich scheint unsere Bewunderung für Kolbe ja sogar gerade darauf zu beruhen, dass man dergleichen nicht von ihm hätte verlangen können – und dass er es trotzdem getan hat. Das legt den Befund nahe, dass die Handlung Kolbes zwar wirklich unvergleichlich viel besser gewesen ist als die Alternative, sich nicht zu opfern, dass es aber trotzdem nicht unzulässig gewesen wäre, diese Alternative zu wählen. Wenn man diese Beschreibung des Falles zutreffend findet, dann akzeptiert man, dass eine Handlung wie diejenige Kolbes eine supererogatorische Handlung war.

Wenn es nun in der Tat supererogatorische Handlungen gibt, so stellen sie ein Problem für die Vorschläge Kants und Moores dar. Kant zufolge gilt ja: Eine Handlung ist genau dann gut, wenn ein Handelnder, der von der Pflicht motiviert ist, sie vollziehen wollen würde. Wenn nun aber Kolbe nicht verpflichtet war, sich zu opfern, dann kann man auch nicht davon ausgehen, dass jemand, der von der Pflicht motiviert ist, diese Handlung hätte vollziehen wollen. Ähnliches gilt für Moores These: Wenn die Konsequenzen der Alternative, sich nicht für den Familienvater zu opfern, in der Tat schlechter gewesen wären, so wäre diese Alternative auch nicht richtig gewesen.

Beiden Vorschlägen zufolge müsste man also eine von zwei Konklusionen unterschreiben: Entweder Kolbes Handlung war wirklich von großem Wert, dann muss sie auch verpflichtend (und die Alternative unzulässig) gewesen sein. Kolbe hätte demnach getan, was seine Pflicht war. Oder aber Kolbes Handlung war nicht verpflichtend (und die Alternative wäre zulässig gewesen), dann kann seine Handlung auch nicht in moralischer relevanter Weise wertvoller gewesen sein.

Nun ist es nicht ausgemacht, dass Handlungen wie diejenige Kolbes wirklich als supererogatorisch gelten sollten. Vielleicht ist es ja wirklich so, wie die Ansätze Kants oder Moores es nahelegen würden: Vielleicht hat Kolbe wirklich einfach getan, was seine Pflicht war. Oder vielleicht war seine Handlung umgekehrt wirklich nicht in einer moralisch signifikanten Weise besser als die Alternative. Nichtsdestoweniger ist zu sagen, dass diese letzteren Beschreibungen nicht ganz eingängig sind. Zumindest dies spricht also dafür, den Begriffsfamilien des Deontischen und des Evaluativen doch eine größere Unabhängigkeit zuzuschreiben als Kant und Moore es tun. Dem Phänomen der Supererogation würde diese begriffliche Diversifizierung intuitiv besser gerecht.

Weiterführende Literatur:

Analysen moralischer Grundbegriffe gibt es zahllos viele. Ein paar Empfehlungen: Eine aktuelle, umfassende Analyse dichter Wertbegriffe ist Väyrynen (2013). Deontische Begriffe werden in Zimmerman (1996) untersucht. Scanlons Gründe-basierte Auffassung von Wert wird in Scanlon (1998) entwickelt. Eine noch immer sehr lesenswerte Diskussion von Handlungsgründen ist Dancy (2000). Eine gründliche und empfehlenswerte Studie zur Supererogation ist Wessels (2002).

3. Konsequentialistische Ethik

Die ersten beiden Kapitel haben den Gegenstand der normativen Ethik – moralische Forderungen und die Begriffe, mit denen wir sie artikulieren – vorgestellt. Beginnend mit diesem Kapitel widmen wir uns verschiedenen Positionen innerhalb der normativen Ethik, also den Theorieansätzen, die uns erklären sollen, welche moralischen Forderungen bestehen und wie sie zu begründen sind.

Verschiedenen Positionen der normativen Ethik

Wir beginnen mit einem Ansatz, der die moderne normative Ethik lange Zeit dominiert hat und der auch in aktuellen Debatten noch sehr verbreitet ist. Es ist die konsequentialistische Ethik, deren wichtigste Variante der Utilitarismus ist. Die Hauptvertreter des Utilitarismus sind Jeremy Bentham (1748–1832), John Stuart Mill (1806–1873) und Henry Sidgwick (1838–1900).

Echte theoretische Vorzüge

Die Popularität des Konsequentialismus ist kein historischer Zufall, sondern sie verdankt sich echten theoretischen Vorzügen und einer großen intuitiven Plausibilität. Zu den wichtigen theoretischen Vorzügen gehört es, dass sich die Grundgedanken dieser Ethik mit großer Präzision und Transparenz erläutern lassen. Wir widmen uns daher zunächst der logischen Struktur der konsequentialistischen Ethik. Dann diskutieren wir verschiedene Theorien, die Konsequentialisten darüber haben, was für ein Individuum gut und schlecht ist (wie man sagt: über seine „Wohlfahrt"). Ein dritter Abschnitt stellt Argumente dar, die für den Konsequentialismus sprechen. Der vierte und letzte Abschnitt diskutiert einige vermeintliche und einige echte Schwierigkeiten der Theorie.

3.1 Die logische Struktur des Konsequentialismus

Handlungen

Wer handelt, der verändert damit den Lauf der Welt. Handlungen zielen darauf ab, dass die Dinge einen bestimmten Verlauf nehmen – oft durch Eingriffe, die Veränderungen im Geschehen bewirken, mitunter auch durch absichtliche Unterlassungen, die das Geschehen unverändert lassen.

Definierende These des Konsequentialismus

Das was uns an einer Handlung interessiert, sind also ihre Auswirkungen (sowohl kurzfristiger als auch langfristiger Art). Das gilt insbesondere auch im Bereich der Moral. Es ist schwer zu bestreiten, dass es für die moralische Beurteilung einer Handlung relevant ist, wer von ihren Auswirkungen in welcher Weise affiziert wird. Der Konsequentialismus rückt diesen Aspekt von Handlungen völlig in den Mittelpunkt.

Konsequentialismus
Die definierende These des Konsequentialismus lautet, dass der moralische Status einer Handlung ausschließlich von ihren Konsequenzen abhängt.

In der Formulierung dieses Gedankens wird dabei zumeist Gebrauch von der Unterscheidung zwischen evaluativen und deontischen Kategorien (vgl. Kapitel 1) gemacht. Es wird davon ausgegangen, dass die Konsequenzen einer Handlung sich bewerten lassen, also als gut oder schlecht, besser oder schlechter qualifizieren lassen. Diese Bewertung von Konsequenzen soll dann den deontischen Status der Handlung – zulässig, geboten oder verboten zu sein – festlegen.

Was sind Konsequenzen?

Was genau sind die Konsequenzen einer Handlung? Konsequentialistische Theorien bevorzugen eine sehr inklusive Sichtweise. Angenommen, wir könnten die ganze Weltgeschichte überblicken, die auf den Vollzug einer beliebigen Handlung folgen würde. Dann kann man die Konsequenzen einer Handlung definieren, indem man sie mit anderen Handlungen vergleicht. Vergleichen wir etwa den Verlauf der Weltgeschichte, der auf Handlung A folgen würde, mit dem Verlauf der Weltgeschichte, der auf Handlung B folgen würde. Dann wären alle Ereignisse und Zustände, in denen sich der erstere Verlauf vom letzteren Verlauf unterscheidet, Konsequenzen der Handlung A relativ zu Handlung B, oder besser: Konsequenzen des Umstandes, dass Handlung A statt B vollzogen wurde. Ebenso sind alle Ereignisse und Zustände, in denen sich der zweite vom ersten Geschichtsverlauf unterscheidet, Konsequenzen der Handlung B relativ zur Alternative A. Es ist leicht zu sehen, dass Konsequenzen umfangreich und schwer abzusehen sein können.

Die konsequentialistische Ethik untersucht und bewertet Handlungen im Kontext einer Menge von alternativen Handlungen, die einem Akteur offenstehen, anhand ihrer Konsequenzen relativ zu den anderen Alternativen. Der Grundgedanke des Konsequentialismus ist dann dieser:

Konsequentialismus
Eine Handlung ist genau dann moralisch zulässig, wenn ihre Konsequenzen im Vergleich zu den verfügbaren Alternativen einen bestimmten Wert aufweisen.

Freilich ist der Grundgedanke damit wirklich überaus offen und unverbindlich formuliert. Präzisierungsbedarf besteht insbesondere hinsichtlich der Rede von einem „bestimmten" Wert.

Gut genug

Hier ergeben sich durchaus verschiedene Möglichkeiten. Eine Variante würde etwa besagen, dass eine Handlung zulässig ist, wenn ihre Konsequenzen gut genug sind, wenn ihr Wert also einen bestimmten Schwellenwert überschreitet. Diese Theorie wird mit einem englischen Terminus als *satisficing* Konsequentialismus bezeichnet (vgl. Slote 1989). Hier formuliere ich sie wie folgt:

Schwellenwert-Konsequentialismus
Eine Handlung ist genau dann moralisch zulässig, wenn der Wert ihrer Konsequenzen einen bestimmten Mindestwert annimmt oder überschreitet.

Allerdings hat diese Variante wenige Anhänger gefunden. Der Grund besteht darin, dass die Theorie es zulässt, dass der Wert von Konsequenzen keinen Unterschied mehr für Zulässigkeit macht, wenn der Schwellenwert einmal überschritten ist. Aber es kann ja sein, dass von zwei alternativen Optionen, die beide Konsequenzen haben, die „gut genug" sind, dennoch eine Konsequenzen hat, die noch viel besser sind. Kann das für moralische Zulässigkeit wirklich egal sein?

Die Präzisierung, die an dieser Stelle viel öfter vorgeschlagen wird, lautet deshalb, dass die Konsequenzen die besten sein müssen – oder genauer: mindestens so gut wie die Konsequenzen jeder Alternative. Dieser Gedanke ist durchaus bestechend. Wenn es einem Akteur durch eine andere Handlung möglich gewesen wäre, einen besseren Verlauf der Dinge herbeizuführen, so war die faktisch vollzogene Handlung falsch. (Was könnte sie rechtfertigen?) Dies sei formuliert als:

Maximierungs-Konsequentialismus
Eine Handlung ist genau dann moralisch zulässig, wenn ihre Konsequenzen mindestens so gut sind wie die Konsequenzen aller verfügbaren Alternativen.

Wann ist eine Handlung nicht nur zulässig, sondern geboten? Handlungen sind genau dann geboten, wenn sie unter den Alternativen die einzig zulässig sind. Daher ergibt sich ein Korollar:

Maximierungs-Konsequentialismus, Korollar
Eine Handlung ist genau dann moralisch geboten, wenn ihre Konsequenzen besser sind als die Konsequenzen aller verfügbaren Alternativen.

Die Güte von Konsequenzen

Auch dieses Schema ist noch sehr inhaltsarm. Es ließe sich auf ganz verschiedene Weise ausbuchstabieren. So könnte man vorschlagen, dass die Konsequenzen einer Handlung genau dann besser seien als die Konsequenzen der Alternativen, wenn zu den ersteren Konsequenzen gehöre, dass die größte Zahl von Luftmolekülen in Bewegung gerät. Natürlich ist das keinem normativen Ethiker eingefallen. Für viele Konsequentialisten sind Konsequenzen im relevanten Sinne besser als andere, wenn sie besser für bestimmte betroffene Wesen sind. Die Güte von Konsequenzen wird also in Bezug auf das Los von Betroffenen (Leidtragenden oder Nutznießern) verstanden. Als allgemeine Ausdrücke für das Gute eines Individuums werden oft „Wohlfahrt", „Wohlergehen" oder „Glück" verwendet. Was Konsequentialisten also im Sinn haben, ist die Frage, ob die Konsequenzen einer Handlung der Wohlfahrt der betroffenen Individuen zu- oder abträglich sind.

Aber wessen Wohlfahrt zählt? Für wen müssen die Konsequenzen besser sein, um für die konsequentialistische Ethik als besser *tout court* zu gelten? Hier bieten sich verschiedene Optionen. Eine Variante eines Maximierungs-Konsequentialismus wäre der moralische Egoismus, wie folgt:

Egoistischer Maximierungs-Konsequentialismus
Eine Handlung ist genau dann moralisch zulässig, wenn ihre Konsequenzen mindestens so gut für die Handelnde sind wie die Konsequenzen aller verfügbaren Alternativen.

Andere Varianten könnten sogar ein einziges Individuum zum Maßstab nehmen – etwa der Tim-Henning-Maximierungs-Konsequentialismus, der die Zulässigkeit der Handlungen davon abhängig macht, ob die Konsequenzen gut für den Autor dieses Buches sind. (Unplausibel? Das sagen Sie...)

Unparteilichkeit

Die verbreiteten Formen des Konsequentialismus verfahren anders: Sie wenden an dieser Stelle das weiter oben eingeführte Prinzip der Unparteilichkeit an. Sie gehen davon aus, dass es für die Bewertung einer Handlung unerheblich ist, ob ihre Konsequenzen speziell den Handelnden oder sonst irgendeine Person betreffen. Zwei ansonsten gleiche Situationen, in denen sich meine Handlung einmal auf mich und einmal auf jemand anders identisch auswirkt, gelten für die meisten Konsequentialisten als in relevanter Hinsicht moralisch gleich. Die Bewertung von Konsequenzen muss daher für jeden Betroffenen berücksichtigen, ob sie gut oder schlecht für ihn oder sie sind:

Unparteilicher Maximierungs-Konsequentialismus
Eine Handlung ist genau dann moralisch zulässig, wenn ihre Konsequenzen insgesamt für alle Betroffenen mindestens so gut sind wie die Konsequenzen aller verfügbaren Alternativen.

Kerngedanke der konsequentialistischen Ethik

Dieses Prinzip erfasst den Kerngedanken der meisten Ansätze der konsequentialistischen Ethik. Und es wird sicher deutlich, dass er große intuitive Anziehungskraft hat. Es kümmert uns, wie sich Handlungen – unsere eigenen und fremde – auf uns auswirken. Der Konsequentialismus verbindet diese Sorge mit dem plausiblen Prinzip der Unparteilichkeit. Das Resultat ist eine Sorge, die jede Handlung danach beurteilt, wie sich diese Handlung auf alle Betroffenen gleichermaßen auswirkt.

Allerdings steht damit die Frage im Raum, wie genau wir diese umfassende, unparteiische Perspektive zu verstehen haben. Woran bemisst sich, ob eine Handlung Konsequenzen hat, die besser „für alle Betroffenen" sind als die Konsequenzen der verfügbaren Alternativen? Hier gibt es Unterschiede innerhalb des

Konsequentialismus. Sie ergeben sich aus divergierenden Annahmen über die Möglichkeit, das Schicksal verschiedener Betroffener zu vergleichen und zu gewichten.

Erste Variante

Wir betrachten dabei zunächst einmal eine vergleichsweise einfache Alternative. Diese erste Alternative muss natürlich zunächst einmal verlangen, dass wir für jeden einzelnen Betroffenen feststellen können, ob die Konsequenzen einer Handlung besser oder schlechter für ihn oder sie sind als die Konsequenzen der anderen Alternativen. Das ist uns oft durchaus möglich, und im Idealfalle können wir sogar für jeden Betroffenen eine Rangordnung der Handlungen erstellen, bei denen die Handlungen oben rangieren, deren Konsequenzen für den Betroffenen die besten sind.

Ordinale Rangfolge

Diese Rangordnung muss dabei in unserer ersten Variante noch nicht besonders ausgefeilt sein. Sie muss uns sagen, welche Konsequenzen besser oder schlechter für das Individuum sind. Wir benötigen aber keine quantitative Information darüber, *wie viel* besser oder schlechter eine Handlung ist als andere. Wenn es drei Handlungsalternativen A, B und C gibt, und wenn C besser als B und B besser als A ist (jeweils für das relevante Individuum), dann ist diese Reihung alles, was wir wissen müssen. Würden wir den Wert für das Individuum also in Zahlen messen, so würde unsere gegenwärtige Rangfolge genauso gut wiedergegeben, wenn wir C 10 Punkte, B 5 Punkte und A 2 Punkte geben, als wenn wir C 249 Punkte, B 13 Punkte und A 12 Punkte geben. Abstände zählen in dieser Form einer Rangordnung nicht; Grade des Wertunterschieds werden nicht erfasst. Eine Rangfolge, die in diesem Sinne eine bloße Ordnung repräsentieren soll, nennt man ordinal.

Vilfredo Pareto

Schon mit diesem eher anspruchslosen Maß für Güte kann man unsere erste Theorie darüber formulieren, wann genau die Konsequenzen einer Handlung für alle Betroffenen mindestens so gut sind wie die Konsequenzen aller Alternativen. Diese Theorie hat sich lange in normativen Formen Ansätzen der Volkswirtschaftslehre (in der sogenannten Wohlfahrtsökonomie) großer Beliebtheit erfreut, und sie ist mit dem Namen des Ökonomen Vilfredo Pareto (1848–1923) verknüpft. Die Idee ist einfach: Die Konsequenzen einer Handlung sind genau dann für alle Betroffenen mindestens ebenso gut wie die Konsequenzen aller verfügbaren Alternativen, wenn gilt, dass diese Konsequenzen für jeden einzelnen Betroffenen entweder genau so gut oder besser sind als die Konsequenzen der anderen verfügbaren Handlungen. In einer offiziellen Formulierung:

Unparteilicher Maximierungs-Konsequentialismus, Pareto-Version
Wenn es eine verfügbare Handlung gibt, deren Konsequenzen für jeden einzelnen Betroffenen entweder genau so gut oder besser sind als die Konsequenzen aller verfügbaren Alternativen, so ist diese Handlung moralisch zulässig.

Diese Formulierung hat einiges für sich. Zum einen kommt sie, wie gesagt, mit eher sparsamen Mitteln in der Bewertung aus. Wir müssen ja lediglich angeben können, was für jeden einzelnen Betroffenen besser oder schlechter wäre. Zum anderen gilt für die Fälle, die unter das Prinzip fallen, dass unser moralisches Urteil meist eindeutig im Einklang mit dem Prinzip ist. Wenn es wirklich eine Handlung gibt, die jeden Betroffenen mindestens so gut stellt wie jede Alternative, und einige Betroffene vielleicht sogar besser, wie wäre es dann zu rechtfertigen, sie nicht zu wählen?

Allerdings ist diese erste Theorie allzu sparsam. Sie wurde, anders als die anderen Prinzipien bisher, absichtlich in einer Wenn-dann-Form ausgedrückt, da sie ansonsten gar zu restriktiv gewesen wäre. Immerhin kann es oft sein, dass jede unserer Alternativen in ihren Konsequenzen besser für manche Betroffenen, aber schlechter für andere Betroffene ist. In so einem Falle ist gar keine Handlung so beschaffen, dass ihre Konsequenzen genauso gut oder besser für jeden Betroffenen wären. Sicher wäre es falsch, in all diesen Fällen zu sagen, *keine* Handlung sei zulässig. Also kann das obige Prinzip nur einen Teil der Handlungen erfassen, die moralisch zulässig sind.

Und tatsächlich gehen wir oft davon aus, dass wir noch differenziertere Formen der Bewertung vornehmen können. Kommt es nicht oft vor, dass eine Option zwar einen Betroffenen etwas schlechter stellt, dafür aber einem anderen Betroffenen ungleich viel mehr Gutes tut? Angenommen, wir könnten das Leben von Johanna retten, obwohl wir dabei den wohlverdienten Schlaf von Helene stören müssten. Helene wird dadurch gewiss schlechter gestellt – ohne einen gewichtigen Grund hätten wir ihren Schlaf nicht wissentlich stören dürfen. Doch hier ist es klar, dass wir Johanna derart viel Gutes tun würden, dass es die Nachteile für Helene allemal aufwiegt. Das obige Pareto-Prinzip könnte nicht erfassen, dass diese Handlung zulässig, sogar geboten ist.

Zweite Variante

Zumeist wird der Konsequentialismus daher in einer zweiten, anspruchsvolleren Variante formuliert. Diese zweite Variante sagt mehr darüber, wann die Konsequenzen einer Handlung für alle Betroffenen insgesamt mindestens ebenso gut sind wie die

Konsequenzen der verfügbaren Alternativen. Benötigt wird dafür speziell die Annahme, dass sich Vorteile und Nachteile für verschiedene Personen vergleichen und gegeneinander aufwiegen lassen. Es sind tatsächlich mehrere Einzelannahmen, die vonnöten sind. Erstens muss man, anders als im vorigen Ansatz, annehmen, dass man Konsequenzen hinsichtlich ihres Werts für einzelne Betroffene nicht nur ordnen, sondern quantitativ vergleichen kann. Es genügt nicht mehr, zu sagen, dass C besser als B und B besser als A für eine bestimmte Person ist. Man muss auch vergleichen können, um wie viel C besser als B und um wie viel B besser als A für diese Person ist. Zweitens müssen wir diese Wertdifferenzen für verschiedene Personen vergleichen. Warum? Nun, angenommen, für eine zweite Person sei A besser als B und B besser als C. Sollten wir dann beschließen, B zu wählen, weil das die mittlere Option für beide Personen ist und jede also genau so viel gewinnt (die Vermeidung der schlechtesten Variante) wie die andere, und auch genau so viel verliert (die beste)? Spätestens hier ist es unbestreitbar, dass wir größere Ansprüche an unsere Rangordnungen stellen: Wir nehmen offenkundig an, dass B bei beiden Personen ungefähr *in der Mitte* der Ordnung liegt.

Kardinale Rangordnung

Ein erstes Erfordernis ist also ein anspruchsvolleres, informativeres Maß dafür, was gut für jeden Betroffenen ist. Ein solches Maß wäre eine sogenannte kardinale Rangordnung. Eine solche Rangordnung würde durch Zahlen ausgedrückt, die nicht nur eine Ordnung angeben, sondern die auch Informationen über Wertdifferenzen tragen. Wir könnten die Optionen A, B und C also nicht mehr beliebig beziffern, solange die bloße Reihenfolge gewahrt bleibt. Wenn in einer kardinalen Ordnung C 12 Wertpunkte erhält, B 8 Wertpunkte und A 4 Wertpunkte, so würde das bedeuten, dass die Verbesserung von B zu C tatsächlich genau so groß ist wie die Verbesserung von A zu B.

Präzise formuliert: Eine kardinale Rangordnung ist das, was genau dann erhalten bleibt, wenn man die Punktzahl x jeder Option einer positiven linearen Transformation der Form $a \times x + b$ unterzieht. Die kardinale Ordnung, in der C einen Wert von 12, B von 8 und A von 4 erhält, bliebe also erhalten in einer Bezifferung von 20 für C, 16 für B und 12 für A, oder einer Bezifferung von 24 für C, 16 für B und 8 für A, usw., usw. Bedeutsam ist nur das gleiche Verhältnis der Punktabstände.

Interpersonelle Vergleichbarkeit

Zweitens gilt, wie gesagt: Wir müssen nicht nur Wertdifferenzen der Konsequenzen jeder Alternative für jeden Betroffenen in dieser genauen Weise vergleichen können. Wir müssen Vergleiche von Wertdifferenzen auch zwischen Personen vornehmen können. Eine solche interpersonelle Vergleichbarkeit setzt voraus, dass sich auch für zwei verschiedene Personen sagen lässt, dass z.B. die Wertabstände zwischen C und B sowie zwischen A und B bei einer Person ein anderes Verhältnis haben als bei einer anderen Person. Auch diese Annahme ist anspruchsvoll.

Wenn wir aber annehmen, dass ein Wert für Personen kardinal bestimmbar und interpersonell vergleichbar ist, so kann man in umfassender und befriedigender Weise sagen, was es heißt, dass die Konsequenzen einer Handlung mindestens so gut für alle Betroffenen sind wie die Konsequenzen aller verfügbaren Alternativen. Wir bestimmen für alle Betroffenen kardinal die Wertdifferenzen zwischen den Konsequenzen aller Alternativen, und dann vergleichen wir die Wertverluste und –gewinne, die sich für jede Person ergeben, durch eine einfache Summierung. Angenommen, die kardinalen und vergleichbaren Rangordnungen zweier Personen seien diese:

	Wert für Person 1	Wert für Person 2	Summe
Handlung A	4	10	14
Handlung B	8	2	10
Handlung C	12	1	13

Hier gilt: Zwar liegt Handlung B für beide Parteien in der Mitte. Aber durch die kardinale Bedeutung der Zahlenwerte wird erfasst, dass diese Mitte nicht etwa die „goldene“ Mitte ist. Würden wir B als Kompromiss wählen, so wäre dies für Person 2 kaum besser als die schlechteste Variante. So ergibt sich das plausible Verdikt, dass der Vorteil, den Person 2 aus Option A bezieht, groß genug ist, um die Nachteile für Person 1 letztlich zu überwiegen.

Es sei angemerkt, dass diese Form der Bewertung zwar hohe Ansprüche stellt, dass aber eines immerhin nicht erforderlich ist: Die Wertpunkte auf den kardinalen Skalen von Person 1 und 2 müssen in ihren Abständen vergleichbar sein, aber sie müssen nicht absolut vergleichbar sein. Es ist also nicht vonnöten, dass ein Wert von z.B. 5 auf den Skalen beider Personen für eine gleiche Menge an Gutem steht. Wir erkennen das daran, dass wir zu den Werten der Personen einen konstanten Faktor addieren oder subtrahieren könnten. Z.B. könnten wir zu allen Werten in der Spalte von Person 1 etwa die Zahl 10 addieren. Für die Rangordnung, die sich in der Summe ergäbe, macht das keinerlei Unterschied. Anders gesagt: Der „Nullpunkt" der Skalen ist frei wählbar.

Mithilfe dieses genauen Vergleichsinstrumentariums können wir nun folgendes vorschlagen:

Unparteilicher Maximierungs-Konsequentialismus, Aggregationsversion (UMKA)
Eine Handlung ist genau dann moralisch zulässig, wenn der Wert ihrer Konsequenzen für alle Beteiligten (angegeben auf kardinalen Skalen mit interpersonell vergleichbaren Differenzen) in der Summe mindestens so hoch ist wie die Summe des Werts der Konsequenzen aller verfügbaren Alternativen.

Aggregation

Mit dem Begriff der Aggregation ist dabei gemeint, dass wir Vor- und Nachteile für verschiedene Personen in einer Weise vergleichen und abwägen, die darauf hinausläuft, diese Vor- und Nachteile als summierbar zu begreifen. Wir bilden einen „Netto-Wert" für Handlungen, der sich aus ihren Vorteilen für betroffene Personen abzüglich der Nachteile für betroffene Personen errechnet.

Wir haben damit einen genauen Eindruck davon gewonnen, wie ein Konsequentialist den moralischen Status einer Handlung versteht. Wir füllen nun die Rede von Wert mit mehr Inhalt.

3.2 Die Wertlehre des Konsequentialismus

Was genau heißt es, dass Konsequenzen von Handlungen für ein betroffenes Wesen einen bestimmten Wert haben? Wenn wir die Konsequenzen von Handlungen in der oben beschriebenen Weise vergleichen, woran sollen wir erkennen, wie gut oder schlecht es Betroffenen jeweils ergeht?

Wertlehren

Verschiedene konsequentialistische Ansätze vertreten an dieser Stelle verschiedene Wertlehren, oder Axiologien. Diesen Theorien geht es dabei speziell um diejenigen Bewertungen, die im Konsequentialismus besonders zählen – eben um die Frage, was gut für oder schlecht für betroffene Individuen ist. Wir diskutieren drei wichtige Theorien dieses Werts, i.e. der Wohlfahrt.

Hedonismus

Eine erste Theorie des relevanten Werts von Konsequenzen ist der Hedonismus. Dieser Theorie zufolge besteht der etwaige positive Wert einer Handlungskonsequenz für eine Person allein in den Empfindungen von Freude, die mit diesen Konsequenzen verbunden sind; etwaiger negativer Wert besteht in Empfindungen von Leid. Vergleichen wir also die Konsequenzen verschiedener Handlungen, so müssen wir zu ihrer Bewertung speziell vergleichen, wie viel Freude oder Leid den Betroffenen in den jeweiligen resultierenden Geschichtsverläufen beschieden ist.

klassischer Utilitarismus

Diese hedonistische Wertlehre charakterisiert eine klassische, bereits erwähnte Variante des Konsequentialismus, den klassischen Utilitarismus von Jeremy Bentham, John Stuart Mill und Henry Sidgwick. Genauer: Der klassische Utilitarismus ist zu definieren als die Kombination des Prinzips des aggregativen, unparteilichen Maximierungs-Konsequentialismus (UMKA) mit einer hedonistischen Theorie der Wohlfahrt. Wir lassen ihm eine offizielle Formulierung angedeihen:

Klassischer Utilitarismus (= UMKA plus Hedonismus)
Eine Handlung ist genau dann moralisch zulässig, wenn die Summe der resultierenden Freude der Betroffenen abzüglich der Summe des resultierenden Leids der Betroffenen mindestens so groß ist wie die entsprechende Summe jeder anderen verfügbaren Handlung.

Freude und Leid

Die These, dass Freude und Leid Träger von Wert sind, ist plausibel. Aber Hedonisten glauben speziell, dass Freude und Leid die einzigen Träger intrinsischen Werts oder Unwerts sind. Alles andere hat Wert nur durch den Beitrag, den es zur Freude empfindungsfähiger Wesen leistet.

Freude und Leid als alleinige Träger von Wert fügen sich überaus natürlich in das begriffliche Gerüst des Konsequentialismus ein. Immerhin haben sie offenkundig quantifizierbare Dimensionen. Vorkommnisse von Freude und Leid haben größere und kleinere Intensität und Dauer, und sie lassen sich in diesen Dimensionen durchaus vergleichen. Es ist daher nicht abwegig, dass sich Freude und Leid zumindest im Prinzip auf einer kardinalen Skala messen lassen. Interpersonelle Vergleiche von Freud- und Leid-

Differenzen sind zwar sicherlich nur mit größeren Schwierigkeiten genau durchführbar. Doch es gibt immerhin viele klare Fälle, in denen schwer zu bestreiten ist, dass wir einer Partei größere Freude oder größeres Leid zufügen als einer anderen.

Quantitativer vs. qualitativer Hedonismus

Zwei der historisch wichtigsten Vertreter des klassischen Utilitarismus hatten verschiedene Auffassungen dazu, wie genau sich Quantitäten von Freude zu Quantitäten von Wert verhalten. Jeremy Bentham vertritt etwas, das heute oft quantitativer Hedonismus genannt wird. Damit ist gemeint, dass sich die Menge an Wert, die durch ein Vorkommnis von Freude konstituiert wird, allein aus den natürlichen quantitativen Dimensionen der Freude ergibt. Kurz gesagt: Größerer Wert ergibt sich nur durch längere oder intensivere Freude. (Freilich bezieht Bentham auch Faktoren wie die Gewissheit, die zeitliche Nähe und die Folgenträchtigkeit der Freude ein.) John Stuart Mill vertritt die Gegenposition eines qualitativen Hedonismus. Er meint, ein Vorkommnis von Freude könne auch dann mehr Wert haben als ein zweites, wenn es sich nicht in einer der natürlichen Dimensionen als *mehr* (etwa intensiver oder länger) verstehen lasse. Freude, so Mills These, ist nicht gleich Freude. Manche Freude ist mehr wert als andere, ohne einfach nur mehr von derselben Art zu sein. Mill unterscheidet speziell geistige Freuden (die aus intellektueller Aktivität, etwa dem Rezipieren von Kunst oder dem Arbeiten an wissenschaftlichen Theorien, resultieren) von körperlichen Freuden. Und er behauptet, dass geistige Freuden den körperlichen prinzipiell vorzuziehen seien. Zur Bestätigung dieses Urteils lädt Mill uns ein, uns zu fragen, ob wir etwa ein leidlich zufriedenes Menschenleben gegen ein glückliches Schweineleben tauschen mögen.

Kritik von Robert Nozick

Die hedonistische Axiologie ist Gegenstand einer einflussreichen Kritik von Robert Nozick (1938–2002) geworden. Nozick (1974) entwickelt ein Beispiel, das uns zeigen soll, dass innere Empfindungen von Freude weniger Bedeutung für uns haben, als man meinen mag. Nozick hält uns dazu an, uns Folgendes vorzustellen:

Beispiel

> Wissenschaftler haben eine *experience machine* entwickelt. Wenn wir uns anschließen lassen, werden wir den Rest unseres Lebens in einer Nährlösung in einem Behälter verbringen und träumen. Unsere Träume werden so beschaffen sein, dass sie uns in größter Perfektion genau das Leben vorspielen, das wir uns insgeheim erhoffen – z.B. ein Leben voller intensiver Erfah-

rungen, aufregender Herausforderungen, tiefer Beziehungen und Einsichten, voller Freude und Erfolg. All das wird nur ein Traum sein – aber ein perfekter.

Nozick fragt: Wenn wir vor dem Angebot stehen, uns anschließen zu lassen – sollen wir es tun? Es ist leicht zu sehen, dass das für die allermeisten von uns eine schlechte Idee wäre. Warum? Man nehme irgendeinen Wunsch, den man an sein Leben hat – etwa den Wunsch, gute Freunde zu haben, oder den Wunsch, einen Roman zu schreiben, oder den Wunsch, einmal einen Marathon zu laufen. Nun denn: Zwar könnte und würde uns die Maschine all das vorspielen. Aber das ist nicht das, was wir wollen. Wer gute Freunde haben will, will sich gerade nicht nur vorstellen, dass er gute Freunde hat. Wer einen Roman schreiben oder einen Marathon laufen will, der will gerade nicht nur fälschlich glauben, dass er es tut. Wir wissen also, bevor wir die Maschine betreten, dass nichts von dem eintreten wird, was wir uns erhoffen – es sei denn, unser Lebenstraum ist zufällig der, in Nährlösung zu schwimmen und zu fantasieren. Gewiss, sobald wir in der Maschine sind, wissen wir nicht mehr, dass wir träumen. Aber Nozick fragt nach dem Augenblick vorher. Und dann, so stimmen die meisten Autoren zu, haben wir Grund, nicht in diese Maschine zu steigen.

Daher erfreut sich der Hedonismus in aktuellen Debatten nur geringer Popularität. Nozicks Beispiel macht sehr deutlich, dass das, was wir am Leben schätzen, die äußeren Ereignisse sind, über die wir uns freuen würden, nicht die Reaktion der Freude allein (siehe jedoch Feldman 2010).

Theorie der Wunscherfüllung

Eine alternative Axiologie ist die Theorie der Wunscherfüllung. Diese Theorie zieht die Lehre aus dem Beispiel Nozicks und schlägt vor, dass unsere Wohlfahrt darin bestehe, dass das passiert, was wir uns wünschen. Hier geht es nicht um innere Gefühle der Freude. Ebensowenig geht es darum, die Überzeugung zu haben, dass unsere Wünsche erfüllt sind – auch das könnte ja eine *experience machine* erledigen. Nein, hier geht es um die Sachverhalte in der Welt, die der reale Gegenstand unseres Wünschens sind. Ist es also mein Wunsch, einen Marathon zu laufen oder gute Freunde zu haben, so ist es gut für mich, wenn genau dies geschieht. Eine Form des Konsequentialismus, die diese Werttheorie beinhaltet, heißt Präferenzutilitarismus (Singer 1979).

Aber auch diese Theorie steht vor Schwierigkeiten. Sie haben damit zu tun, dass Wunscherfüllung und Wohlfahrt intuitiv leicht auseinandertreten können, im genauen Gegensatz zu dem, was die Theorie besagt. Zum einen können Menschen, denen es nach unserem Eindruck sehr gut ergeht, unersättlich in ihren Wünschen sein. (Man kann etwa an das Märchen vom Fischer und seiner Frau denken.) Solche Individuen halten wir für undankbar, aber die vorliegende Theorie würde ihnen vielmehr darin recht geben, dass es ihnen schlecht ergeht, bloß weil ihre exorbitanten Wünsche unbefriedigt sind. – Zum anderen gibt es Menschen in extrem benachteiligten Verhältnissen, die sich so sehr an ihr Schicksal gewöhnt haben, dass sie es gar nicht mehr anders wünschen. Jemand kann etwa so lange in Unterdrückung gelebt haben, dass er es selbst für richtig hält und gar nicht mehr befreit werden will. (Man spricht hier von adaptiven Präferenzen.) Erneut ergibt die Theorie ein abwegiges Resultat: Wenn wir Menschen so an Unterdrückung gewöhnen, dass sich ihre eigenen Wünsche daran anpassen, so wäre die Unterdrückung tatsächlich gut für sie.

Fähigkeitsansatz

Ein letzter werttheoretischer Ansatz wählt daher eine noch stärker objektive Perspektive. Wie gut es uns ergeht, ist diesem Ansatz zufolge abhängig von bestimmten objektiven Gütern, über die wir verfügen. Dabei darf man nicht einfach an Güter wie Geld denken – jedenfalls nicht nur. Ein prominenter objektiver Ansatz in der Theorie des Wohlergehens ist der Fähigkeitsansatz (*capability approach*), den der Ökonom Amartya Sen (* 1933) und die Philosophin Martha Nussbaum (* 1947) entwickeln (vgl. Sen 1985, Nussbaum 2000). Für sie besteht die Wohlfahrt einer Person darin, reale Freiheiten oder Möglichkeiten zu haben. Güter wie Bildung, Sicherheit, Gelegenheit zu politischer Mitbestimmung, ein Mindestmaß an Wohlstand etc. sind diesem Ansatz zufolge immens bedeutsam – aber deshalb, weil sie Mittel zur Wohlfahrt sind.

Mittel zur Wohlfahrt

Sie ermöglichen es Menschen, in größerem Umfang das zu sein und das zu tun, was sie selbst möchten. Dieser Ansatz berücksichtigt dabei objektive individuelle Differenzen. Wer etwa bestimmte Beeinträchtigungen körperlicher oder geistiger Art aufweist, der benötigt vielleicht mehr Ressourcen einer bestimmten Art, um bestimmte Freiheiten oder capabilities zumindest im Ansatz auszubilden. (Man spricht davon, dass Individuen verschiedene Raten der Konversion von Gütern zu Fähigkeiten aufweisen.)

capabilities

Was sagt ein solcher Ansatz über Freude und Wunscherfüllung, also die zentralen Größen der beiden zuvor genannten Wohlfahrtstheorien? Einerseits gibt es robuste und nicht-zufällige Verbindungen zwischen dem Vorliegen von capabilities und jenen anderen Größen. Wer die nötigen Freiheiten genießt, wird sein Leben zumeist so leben, dass es seinen Wünschen entspricht und deshalb auch freudvoll ist. Aber diese Umstände werden hier als Folgen dessen verstanden, was eigentlich das Gute für Individuen ausmacht. Und die Probleme der früheren Ansätze treten nicht auf. Wenn jemandes Wünsche unersättlich über das hinausgehen, was für ein gedeihliches Leben mit wichtigen Freiheiten erforderlich ist, so ist die Erfüllung dieser Wünsche nachrangig. Und bloße Gefühle von Freude (wie in der experience machine), die abgekoppelt sind von einem echten Leben, das Fähigkeiten und Freiheiten verwirklicht, sind ebenfalls nicht von eigenem Wert.

Kehrseite

Neben diesen Vorzügen gibt es freilich eine Kehrseite – wie bereits deutlich sein dürfte, ist in der Philosophie (und der Ethik zumal) nichts jemals wirklich unumstritten. In diesem Ansatz besteht die Schwierigkeit darin, festzulegen, welches denn die objektiv wertvollen Fähigkeiten und Freiheiten sind. Wir müssen ja hier letztendlich entscheiden können, wann sich jemand – etwa ein Unterdrückter im obigen Beispiel – verfehlter Weise mit etwas anfreundet, das nicht gut für ihn ist, oder wann Wünsche so extravagant werden, dass ihre Gegenstände keinen echten Wert haben.

Woher wollen wir das wissen? Hier gibt es keine andere Möglichkeit, als sich auf eine Diskussion über die objektiv wichtigen Bestandteile eines menschlichen (oder anderen) Lebens einzulassen. Der Umstand, dass es hier Kontroversen geben wird, zeigt nicht, dass diese Debatte fruchtlos bleiben muss. Mitunter wird man über einzelne Individuen sagen müssen, dass sie sich darüber täuschen, was wirklich gut für sie ist. Aber ist es klar, dass dergleichen nicht vorkommt?

3.3 Argumente für den Konsequentialismus

Grundgedanke

Es wurde bereits dargestellt, dass der Gedankengang, der zum Konsequentialismus (speziell zu UMKA) führt, sehr natürlich ist. Er beginnt bei der Einsicht, dass wir es oft wichtig nehmen, wie sich Handlungen auf das Wohlergehen von Individuen auswirken – besonders natürlich im eigenen Falle. Hinzufügen müssen wir lediglich das Prinzip der Unparteilichkeit – die Einsicht also, dass wir solche Konsequenzen im eigenen Falle nicht wichtiger nehmen sollten als in anderen Fällen.

Der Konsequentialismus ist also zunächst einmal einfach die unparteiliche Ausweitung einer natürlichen Form der Sorge um unser Wohlergehen. Sofern wir den Grundgedanken der Unparteilichkeit akzeptieren, haben wir wichtige Schritte zum Konsequentialismus genommen.

Unparteiische Sorge um Wohlfahrtskonsequenzen

Natürlich sind dies noch nicht alle Schritte. Zwar haben wir dann Gründe, die Konsequenzen von Handlungen für das Wohlergehen aller Individuen gleichermaßen zu berücksichtigen. Wir haben jedoch noch keine Gründe dafür, diese Konsequenzen für das Einzige zu halten, was zählt. Was den Konsequentialismus aber auszeichnet (und zu einem „-ismus" macht) ist natürlich gerade die These, dass ausschließlich die unparteiische Sorge um Wohlfahrtskonsequenzen zählen sollte.

Dieser Aspekt lässt sich vielleicht weiter stützen. Wieder kann man bei unserer alltäglichen, persönlichen Perspektive ansetzen. Wenn wir Handlungen planen und ihre Vorzüge abzuschätzen versuchen, ist es nicht in Wirklichkeit so, dass wir uns speziell und nur um ihre Konsequenzen scheren? Wenn ich weiß, wie sich eine Option auf mein Wohlergehen auswirken wird, muss ich *mehr* wissen?

Angenommen also, in der persönlichen Alltagsperspektive würden wirklich nur die Konsequenzen zählen. Dann führt das Unparteilichkeitsprinzip wirklich zum Konsequentialismus.

Die Rolle des Unparteilichkeitsprinzips

Gestehen wir dies einmal zu, so können wir uns einer wichtigen Unterscheidung zuwenden: Man kann den Grundgedanken, der zum Konsequentialismus führt, nämlich auf verschiedene Weisen ausbuchstabieren. Wir können speziell die Rolle des Unparteilichkeitsprinzips auf verschiedene Weisen verstehen. Was wir dann erhalten, sind zwei sehr verschiedene Argumente. (Die folgende Darstellung orientiert sich in zentralen Punkten an der Analyse in Kymlicka 1988.)

Erstes Argument

Ein erstes Argument beginnt mit einer These über den zentralen Wert, das Wohlergehen, und leitet daraus dann das Gebot der Unparteilichkeit ab. Die besagte Ausgangsthese lautet, dass der Wert des Wohlergehens nicht daran gebunden ist, um wessen Wohlergehen es sich handelt. Im Rahmen einer hedonistischen Wertlehre würde man z.B. sagen, dass der Wert von Freude oder Leid nicht an die Identität dessen gebunden ist, der oder dem sie zuteilwerden. Daraus folgt, dass das Schicksal jedes Individuums sich gleichermaßen eignet, diesen Wert zu befördern. Das gibt eine instrumentelle Begründung für eine unparteiliche Perspektive. Es wäre dem Ziel, den Wert der Wohlfahrt zu befördern, abträglich, Menschen parteiisch zu behandeln.

Wir bevorzugen also deshalb keine bestimmte Person, weil niemand von uns sich *per se* besser oder schlechter eignet, Wohlergehen zu erzeugen und zu vermehren. Es ist also nicht so, als würden wir aus unabhängigen Gründen die gleiche Berücksichtigung verdienen. Es ist unsere gleiche Eignung als „Instrumente" in der Mehrung von Wohlergehen, die es sinnvoll macht, uns in gleicher Weise zu berücksichtigen.

Zweites Argument

Das zweite, alternative Argument nimmt eine andere Form an. Man kann sogar sagen, dass dieses alternative Argument die Prioritäten umkehrt. In diesem Argument *beginnen* wir mit dem Grundsatz der Unparteilichkeit als einer unabhängigen moralischen Einsicht. Wir sind überzeugt, dass wir selbst aus einer objektiven Perspektive betrachtet nichts Besonderes sind. Wir sind Wesen wie viele andere auch, deren Belange letztlich nicht dringlicher sind als diejenigen der anderen auch und die keine andere Behandlung und Berücksichtigung verdienen als alle anderen Individuen auch.

Egalitäres Prinzip

Dieser Grundsatz hat zunächst einmal nichts mit dem Wert von Wohlfahrt zu tun. Es handelt sich um ein egalitäres Prinzip des Inhalts, dass Wesen wie wir einen gleichen Anspruch auf Berücksichtigung haben, also die gleiche Behandlung und gleiche Chancen verdient haben.

Auch diese Perspektive kann uns dann aber zum Konsequentialismus führen. Wir bemerken wiederum, dass wir Wert darauf legen, dass Handlungen sich möglichst positiv auf unser eigenes Wohlergehen auswirken. Wenn wir dieser Sorge Geltung verschaffen wollen, dann folgt aus der unabhängigen Forderung der Unparteilichkeit, dass wir das gleiche auch in Bezug auf andere tun sollten. Wir betrachten das Glück anderer deshalb als wichtig, weil die gleiche Berücksichtigung es verlangt. Die Orientierung am Wohlergehen aller folgt aus der Unparteilichkeit, nicht umgekehrt.

Teleologisches Argument und egalitaristisches Argument

Nennen wir die erste Version das teleologische Argument. Der Konsequentialismus wird hier aus Überlegungen darüber abgeleitet, was einem bestimmten Ziel (griechisch telos) dient. Die zweite Version kann man das egalitaristische Argument nennen, weil es die moralische Überzeugung, dass alle Betroffenen gleiche Berücksichtigung verdienen, als eigene Prämisse wählt.

Es macht durchaus einen Unterschied, welches dieser Argumente wirklich hinter dem intuitiven Grundgedanken steckt. Ist die unparteiliche Sorge um das Wohlergehen aller Betroffenen dem Maximierungsziel untergeordnet, oder erfolgt sie aus moralischen Ansprüchen?

Wenn wir die erste Variante bevorzugen, so ergeben sich moralische Implikationen, die sich in der zweiten Variante nicht ergeben.

Beispiel

> Ein Beispiel stammt aus der Ethik des Zeugens von Personen. Verfechter des ersteren Arguments werden der Ansicht sein, dass die Zeugung neuer Personen (sofern diese absehbar glücklich sein werden) vom moralischen Standpunkt betrachtet nicht neutral ist, sondern geboten. Immerhin handelt es sich um einen effektiven Weg, das Glück in der Welt zu mehren. Wer aber auf dem Wege des zweiten Arguments zum Konsequentialismus gelangt, wird anders denken. Eine Person gar nicht erst zu zeugen wäre unproblematisch, weil es dann eben keine Person *gibt*, deren Anspruch auf gleiche Berücksichtigung man verletzen würde.

Unterschied der beiden Argumente

Auch abgesehen von solchen Unterschieden in einzelnen moralischen Urteilen ist der Unterschied der beiden Argumente bedeutsam. Ein Vertreter des ersten Arguments wird z.B. nicht leicht erklären können, warum unsere moralischen Verpflichtungen im typischen Falle gerichtet sind (s.o., Kap. 2). Wenn ich das Wohlergehen von Peter z.B. sträflich unbeachtet lasse, so verfehle ich das übergeordnete Ziel, das Wohlergehen aller zu mehren. Aber es ist nicht etwa so, als hätte ich mich Peter gegenüber schuldig gemacht. Meine Verpflichtung besteht gegenüber dem allgemeinen Ziel, und Peters Wohlergehen ist nur ein Mittel, das ich ungenutzt gelassen habe. Wenn hingegen die grundlegende Überzeugung, auf die sich der Konsequentialismus gründet, allen Individuen einen gleichen Anspruch auf Berücksichtigung zuschreibt, ist es anders. Dann habe ich, indem ich Peters Wohlergehen vernachlässige, mich nicht am allgemeinen Wohlergehen, sondern zuerst an Peter versündigt. Ich habe den Anspruch missachtet, der der Grund für meine Pflicht ist.

In einigen Hinsichten erscheint die egalitäre Version des Arguments also attraktiver. Allerdings wirft sie auch neue Fragen auf. Konsequentialisten können sich nicht mehr einfach nur auf die geteilte Ansicht berufen, dass Wohlergehen etwas Gutes ist. Sondern sie benötigen eine unabhängige Begründung für eine weitere moralische Prämisse von deontischer und egalitärer Art.

3.4 Schwierigkeiten für den Konsequentialismus – vermeintliche und echte

Es dürfte deutlich sein, dass der Konsequentialismus durchaus beträchtliche Stärken hat. Daher verwundert es nicht, dass er Gegenstand besonders gründlicher Untersuchungen geworden ist. Und auch an Kritikpunkten ist infolgedessen kein Mangel. Wir diskutieren hier die wichtigsten.

Epistemische Überforderung

Die Grenzen unseres Wissens

Ein erster Einwand lautet, dass der Konsequentialismus die Grenzen unseres Wissens (griechisch: episteme) und des Vorhersagbaren gewaltig überstrapaziert. Zunächst einmal sind die faktischen Konsequenzen unseres Tuns, vor allem die langfristigen, oft kaum vorhersehbar. Woher sollen wir denn wissen, was genau alles passieren wird, wenn wir eine bestimmte Handlung vollziehen? Zum anderen sind gerade die Wohlfahrt oder das Glück anderer Menschen oft schwer zu erkennen. Wir wissen ja oftmals kaum, was für uns gut ist. Wie sollen wir wissen, was für alle insgesamt gut ist?

Dieser Einwand, so zeigt die Erfahrung, liegt für viele Menschen sehr nahe. Aber mir scheint, dass er letztlich kaum stichhaltig ist. Was der Konsequentialismus in der obigen Form sagt, ist ja nur, dass der moralische Status (die Zulässigkeit, Gebotenheit etc.) einer Handlung von Faktoren abhängt, die wir oft unvollkommen und manchmal sogar kaum überblicken. Ist das denn falsch?

Wenn wir vor einer Entscheidung stehen und nicht genau wissen, wie sie sich auswirken wird, oder wenn wir nicht genau wissen, ob sie bestimmten Personen zum Vorteil oder Nachteil gereichen wird – dann werden wir in der Tat das Gefühl haben, nicht zu wissen, was richtig ist. Und der Konsequentialismus erklärt uns, warum wir dieses Gefühl haben: Wir kennen eben tatsächlich einige der moralisch relevanten Faktoren nicht. Dass es solches Unwissen gibt, scheint uns nur allzu vertraut zu sein. Und der Konsequentialismus sagt eben genau dies korrekt voraus. (Sollten wir denn einer Theorie mehr vertrauen, wenn sie uns glauben machen will, in moralischen Entscheidungen lägen automatisch alle relevanten Faktoren klar zutage? Wieso sollte das so sein?)

Unsicherheiten ausräumen?

Aber soll eine ethische Theorie uns denn nicht gerade im Handeln anleiten und Unsicherheit ausräumen? Ja und nein. Eine ethische Theorie muss solche Unsicherheiten ausräumen, die spezifisch moralischer Natur sind. Wenn also alle nicht-moralischen Tatsachen bekannt sind, dann dürfen wir in der Tat erwarten, dass eine ethische Theorie uns eine klare moralische Beurteilung ermöglicht. Aber natürlich können wir von einer ethischen Theorie nicht erwarten, dass sie uns garantiert, dass wir jederzeit alle relevanten nicht-moralischen Tatsachen leicht erkennen können!

Die Idee, eine Moraltheorie dürfe keine Faktoren wichtig nehmen, die sich unserer Kenntnis entziehen, stammt ganz gewiss nicht aus unserer eigenen Erfahrung mit schweren Entscheidungen. Aber einen wichtigen Grund gibt es für sie: Wenn sich aus einer Handlung üble Konsequenzen ergeben, die für die Handelnde nicht vorhersehbar waren, so machen wir sie nicht moralisch verantwortlich. Damit ist gemeint, dass wir ihr keine Vorwürfe machen und ihr nicht grollen.

Wenn nun aber, so kann man argumentieren, die Akteurin doch nicht richtig gehandelt hat (wie es der Konsequentialismus besagt), dann sollten wir ihr sehr wohl gram sein dürfen. Oder?

Wann dürfen wir Vorwürfe machen?

Nein. An dieser Stelle steht Konsequentialisten ein wichtiger Schachzug zu Gebote, den sie sich in verschiedenen Kontexten zunutze machen können. Sie können darauf verweisen, dass auch die Frage, wann Groll und Vorwürfe angemessen sind, konsequentialistisch zu entscheiden ist. Ob wir jemandem für eine Handlung Vorwürfe machen dürfen, hängt also nicht etwa davon ab, ob jene Handlung die besten Konsequenzen hatte – sondern vielmehr davon, ob *unsere* Handlung des Vorwürfe-machens ihrerseits die besten Konsequenzen hätte. Nun haben Vorwürfe und Groll oftmals gute Konsequenzen: Sie führen dazu, dass vermeidbare Fehler nicht so leicht wiederholt werden, weil die Akteurin weitere Sanktionen vermeiden will. Aber Groll und Vorwürfe können solche Konsequenzen natürlich nicht hervorrufen, wenn es um unvorhersehbare Konsequenzen geht.

Unvorhersehbare Konsequenzen

Unvorhersehbare Konsequenzen sind per Definition solche, die die Handelnde auch in Zukunft, und auch bei größter Anstrengung, nicht wird berücksichtigen können. Also führen Groll und Vorwürfe einer solchen Akteurin gegenüber zu nichts als zu mehr schlechten Gefühlen und Ärger.

Mithilfe dieser Gedanken kann der Konsequentialist, so scheint mir, die Sachlage in ihrer vollen Komplexität gut erfassen: Einerseits scheint es uns angesichts unklarer Konsequenzen, dass sich unsere Entscheidung tatsächlich als falsch entpuppen könnte, und dennoch können wir andererseits darauf beharren, dass wir für etwaige Fehler keinerlei Tadel oder Vorwürfe verdienen.

Moralische Überforderung

Übertriebene Forderungen

Ein weiterer Einwand gegenüber dem Konsequentialismus lautet oft, dass er gar zu hohe Forderungen an uns richtet. Nicht, dass die Moral niemals hohe Forderungen erheben dürfte. Aber dem Konsequentialismus zufolge scheint es wenig zu geben, das wir im Alltag je richtig machen!

Verschwendung

Wann waren Sie das letzte Mal im Kino? Und sind Sie sicher, dass die Ressourcen, die Sie dabei verwendet haben (Eintrittsgeld, zwei Stunden Ihrer Zeit, eine gewisse Menge Ihrer Aufmerksamkeit), wirklich an keiner anderen Stelle mehr Gutes bewirkt hätten? Ihr Filmgenuss in allen Ehren, aber wenn man bedenkt, was die Zeit und das Geld in sozialen Projekten, politischer Arbeit oder in der Flüchtlingshilfe hätten bewirken können, ist er geradezu eine schändliche Form der Verschwendung. Genau dies ist der Maßstab, den der Konsequentialist anlegt. Jederzeit müssen wir uns fragen, ob auch kleine Alltagstätigkeiten nicht moralisches Unrecht sind.

Gewiss, man mag sagen, dass ein gelegentlicher Kinobesuch dadurch gerechtfertigt ist, dass wir regeneriert werden und uns umso motivierter und leistungsstärker dem Gemeinwohl widmen können. Aber schon diese Rechtfertigung erscheint abwegig. Kann es denn wirklich sein, dass schon ein einfacher Kinobesuch eine derart elaborierte Rechtfertigung verlangt? Wieso müssen wir uns überhaupt rechtfertigen? Kurz: Der Konsequentialismus scheint Pflichten auch da zu sehen, wo es keine gibt.

Rechtfertigung

Allerdings ist auch dieser Vorwurf in der vorliegenden Form alles andere als zwingend. Wenn man genau darüber nachdenkt: Sind wir wirklich sicher, dass unsere Kinobesuche moralisch vollkommen in Ordnung sind? Angesichts des Elends in der Welt und der nachweislich hohen Effizienz vieler Wohltätigkeitsorganisationen hätten wir mit dem Geld mehr erreichen können. Es kann einem durchaus mehr als ein bisschen obszön erscheinen, wie wir unser Geld so ausgeben.

Programm des effektiven Altruismus

Konsequentialisten weisen den Vorwurf der moralischen Überforderung daher oft sehr entschieden zurück und vertreten offensiv eine Ethik, die eben besonderes Engagement verlangt.

Das Programm des sogenannten effektiven Altruismus (vgl. MacAskill 2015) wird besonders von konsequentialistischen Autoren propagiert, verteidigt – und auch praktiziert (vgl. Singer 2015).

full vs. partial compliance

Eine Variante des Vorwurfs der moralischen Überforderung scheint mir jedoch der Erwähnung wert zu sein. Wie Murphy (2000) hervorhebt, schenkt der Konsequentialismus der Frage, wer eigentlich für welche moralischen Versäumnisse einstehen muss, zu wenig Beachtung. Wenn alle von uns im Einklang mit den Forderungen des Konsequentialismus handeln würden (John Rawls bezeichnet diesen Zustand als full compliance), so wären die Forderungen, die jeder Einzelne zu erfüllen hat, plausiblerweise gar nicht mehr so hoch. Wenn jeder sich etwas mehr um Bedürftige, die Umwelt, politische Teilhabe bemühen würden, würde sich auch nicht mehr jeder von uns einer erdrückenden Aufgabe gegenübersehen. Die scheinbar hohen Forderungen an jeden Einzelnen ergeben sich aus Versäumnissen – daraus, dass die compliance unvollkommen (partial) ist. Wenn die Moral nun von mir verlangen würde, nicht ins Kino zu gehen, obwohl ich sonst eine Menge für das Gemeinwohl leiste, dann würde sie mich dadurch dazu verpflichten, die Kosten der moralischen Versäumnisse anderer Menschen mitzutragen. Das wäre unfair. In Anbetracht dessen könnte man vorschlagen, dass der Konsequentialismus von jedem nur das verlangt, was er oder sie auch unter Bedingungen von full compliance tun müsste. Alles Weitere wäre supererogatorisch.

Selbst-Sabotage

Ein weiterer Einwand gegen den Konsequentialismus läuft darauf hinaus, dass er sich in gewissem Sinne selbst vereitelt. Das ist freilich nur eine Metapher. Der Gedanke lautet genauer: Sobald sich ein Akteur bemüht, im Sinne des Konsequentialismus zu handeln, kann es *ipso facto* nicht gelingen.

Kalkulatorischer Aufwand

Das lässt sich in vielen Hinsichten plausibel machen. Eine erste, sehr direkte Form, in der das Problem auftritt, hat mit dem schieren kalkulatorischen Aufwand zu tun. Einer Handelnden, die sich zu jeder Gelegenheit bemühen würde, alle Konsequenzen jeder Handlungsoption zu durchdenken, würde es sicherlich oft misslingen, das Richtige im konsequentialistischen Sinne zu tun. Immerhin müssen Entscheidungen oft schnell getroffen werden, und während die gewissenhafte Konsequentialistin noch überlegt, ist die Gelegenheit passé.

Außerdem ist die Kalkulation wegen der schieren Menge der zu bewältigenden Informationen überaus fehleranfällig. Es erscheint plausibel, dass es einer Person, die sich stattdessen auf Faustregeln, Erfahrung oder Intuition verlässt, leicht besser gelingen kann, die beste Handlung zu finden und zu vollziehen. Kurzum: Wer versucht, ein anspruchsvolles Prinzip wie UMKA anzuwenden, steht sich im Weg.

Menge der zu bewältigenden Informationen

Aber es gibt noch frappierendere Erscheinungsformen des Problems, die nicht von unseren beschränkten kalkulatorischen Ressourcen abhängen. Einige zentrale Bestandteile unseres Wohlergehens sind so beschaffen, dass sie unerreichbar sind für die, die konsequentialistisch denken. Ein Beispiel wären Freundschaften und andere Liebesbeziehungen. Freundschaften zu haben und zu pflegen ist ein wichtiger Bestandteil unseres Glücks, und wer es tut, trägt gewiss dazu bei, die insgesamt besten Konsequenzen herbeizuführen. Wer aber Freundschaften in dieser Weise betrachtet, dem wird es misslingen, ein Freund zu sein. Wer deshalb Zeit mit seinen Freunden verbringt, weil er findet, dass so dem Gemeinwohl am besten gedient ist, der denkt und handelt nicht wie ein Freund.

Freundschaften und Liebesbeziehungen

Beispiel

Bernard Williams beschreibt den Fall eines Mannes, der seine Frau vor dem Ertrinken rettet, nachdem er deduziert hat, dass dem Gemeinwohl am besten gedient ist, wenn Gatten einander beistehen. In solchen Fällen gerät die unparteiische Perspektive des Konsequentialismus in Konflikt mit wichtigen Formen des Glücks. Als Freund oder Ehemann tut man Dinge unabhängig von ihrem Beitrag zum Gemeinwohl, nur um der geliebten Person willen.

Ein weiterer Problemfall sind Versprechen. Die Möglichkeit, Versprechen zu geben und auf Versprechen anderer bauen zu können, ist ein wichtiger Bestandteil menschlicher Kooperation, und daher ein wichtiges Mittel zur Wohlfahrt. Wenn ich nun z.B. Peter verspreche, ihn abzuholen, dann ist der Witz dieses Versprechens gerade, dass Peter nicht mehr darauf hoffen muss, dass es mir zu gegebener Zeit ohnehin als das Beste erscheint, ihn abzuholen. Wenn ich ihm dieses Versprechen gebe, dann sollte ich ihn abholen, einfach weil ich es versprochen habe – Punktum. Versprechen erfüllen ihre Funktion also deshalb, weil

Problemfall Versprechen

sie ein Eigengewicht für uns haben, das weitere Kalkulationen überflüssig macht. (Natürlich kann es vorkommen, dass wir Versprechen nicht einhalten sollten. Aber dann muss es um dramatische, unvorhergesehene Hindernisse gehen.)

Könnte man sagen, dass Konsequentialisten gegebene Versprechen deshalb ernst nehmen werden, *weil* Versprechen im Allgemeinen so ein wichtiger Bestandteil menschlicher Kooperation sind? Man könnte denken, dass jeder Bruch eines Versprechens eine gewisse erodierende Wirkung auf die Existenzbedingungen von Versprechen überhaupt hat. Jeder Wortbruch kostet ein Stück Vertrauen und mindert an einer Stelle die Bereitschaft, fortan wieder Versprechen anzunehmen.

Aber auch das überzeugt nicht. Wenn jedes gebrochene Versprechen die Institution des Versprechens in Mitleidenschaft zöge, so hätte sie längst irreparablen Schaden genommen. Wenn Peter sich also darauf verlassen müsste, dass ich zu dem Schluss komme, dass ein Wortbruch in diesem Falle derart weitreichende Konsequenzen hätte, so würde ihm das Vertrauen sicher fehlen.

Derek Parfit: indirectly self-defeating

Diese Fälle zeigen: Der Konsequentialismus ist so beschaffen, dass der bewusste Versuch, ihn umzusetzen, bedingt, dass die Umsetzung misslingt. Der Philosoph Derek Parfit (1942–2017), selbst ein Vertreter des Konsequentialismus, nennt ihn „indirectly self-defeating" (Parfit 1984).

Tatsächlich gibt es neben Parfit weitere Konsequentialisten, die akzeptieren, dass ihr Ansatz diese irritierende Eigenschaft hat. Aber ist es denn nicht das Todesurteil für einen Ansatz in der praktischen (!) Philosophie, dass er gegen den Versuch, ihn selbst umzusetzen, protestieren muss?

Henry Sidgwick: criterion of rightness

Die Antwort lautet: Nein. Henry Sidgwick, dem wir die ausgefeilteste Formulierung des klassischen Utilitarismus verdanken, hat eine einflussreiche Replik gefunden. Ihm zufolge ist es eine Sache, eine Theorie darüber zu entwickeln, welche Handlungen moralisch richtig und falsch sind. So eine Theorie sucht, wie Sidgwick es nennt, ein Richtigkeitskriterium (*criterion of rightness*). Es ist aber eine andere Sache, Handelnden Regeln an die Hand zu geben, mit denen sich moralisch korrekte Entscheidungen treffen lassen.

decision procedure

Solche Regeln nennt Sidgwick Entscheidungsverfahren (*decision procedures*). Sidgwicks Punkt ist dann: Es gibt keinen Grund, zu erwarten, dass eine wahre Formulierung des Richtigkeitskriteriums sich automatisch zum Entscheidungsverfahren eignet. Die Wahrheit über das moralisch Richtige kann so beschaffen sein, dass dieser Richtigkeit am besten gedient ist, wenn sich unser Handeln an bestimmten anderen, einfachen Kriterien orientiert.

Gerade für einen Konsequentialisten lässt sich dieser Gedanke durchaus plausibel machen: Wir sollen so handeln, dass daraus *de facto* die besten Konsequenzen resultieren. Sollen wir auch *versuchen*, so zu handeln, dass daraus die besten Konsequenzen resultieren? Nur dann, wenn durch diesen bewussten Versuch auch tatsächlich die besten Konsequenzen erzielt werden – wenn nicht, dann eben nicht. Generell sollten die Kriterien, an denen wir uns orientieren, und die Überlegungen, aus denen wir handeln, so beschaffen sein, dass wir faktisch die besten Konsequenzen herbeiführen. Es ist nicht gesagt, dass es in diesen Kriterien und in diesen Überlegungen das Ziel der Maximierung des Gemeinwohls überhaupt vorkommen muss.

Andere Ziele und Beweggründe als Maßstab

Die obigen Beispiele wären also einfach Fälle, in denen das richtige Entscheidungsverfahren nicht darin besteht, das Richtigkeitskriterium anzuwenden. Der Konsequentialismus selbst verpflichtet uns hier, andere Ziele und Beweggründe zum Maßstab zu machen. Wir sollen Freundschaften um der Freundschaften willen pflegen und Versprechen um der Versprechen willen halten, ohne an das Gemeinwohl zu denken – *weil* genau dies das Gemeinwohl maximiert.

Man kann Sidgwicks Unterscheidung auf verschiedene Weise verstehen. Man kann sagen, dass Entscheidungsverfahren und Richtigkeitsprinzipien zu zwei verschiedenen Perspektiven gehören – die ersteren zur Perspektive des praktischen Entscheidens, die zweiteren zur Perspektive der philosophischen Theorie. Das kann aber unbefriedigend erscheinen. Immerhin scheint es, dass man am Ende gezwungen ist, als Handelnde das Richtigkeitskriterium wieder zu vergessen. Man weiß theoretisch, dass es um Maximierung der Wohlfahrt geht, muss es aber dann ausblenden.

Regeln

Einige Autoren schlagen daher vor, die Zuständigkeiten sauber zu trennen. Man bewertet dann einzelne Handlungen nur noch nach den richtigen Entscheidungsverfahren und nicht mehr direkt nach Maßgabe der Maximierung des Gemeinwohls. Es gibt dann also im Hintergrund unseres Tuns kein Richtigkeitskriterium für Handlungen, das wir im Entscheiden ausblenden müssen. Stattdessen ergibt sich eine komplexere Struktur: Es gibt Regeln, die bestimmen, welche Handlungen moralisch richtig sind. Diese Regeln sind nicht unbedingt konsequentialistischen Inhalts, sondern sie besagen z.B., dass Versprechen zu halten sind, etc. Diese Regeln sind dann der alleinige Prüfstein für die moralische Richtigkeit einzelner Handlungen; die Konsequenzen einzelner Handlungen sind also nicht länger moralisch entscheidend. Der Konsequentialismus bewegt sich nur auf der Ebene der Regeln. Die Regeln, die über die Richtigkeit von Handlungen entscheiden, sind eben die, deren Geltung und Befolgung insgesamt die besten Konsequenzen hat.

Indirekter Konsequentialismus

Diese theoretische Konstruktion wird oft indirekter Konsequentialismus oder Regelutilitarismus genannt. (Für eine maßgebliche aktuelle Formulierung siehe Hooker 2000.) Auch dieser Ansatz begegnet allerdings oft dem Einwand, eine instabile Konstruktion zu sein. Man kann ja fragen: Wenn das Ziel der allgemeinen Wohlfahrt so wichtig ist, dass sich die Regeln für unsere Handlungen daraus ergeben – wieso ist dieses Ziel plötzlich nicht mehr wichtig, wenn es um die Bewertung einzelner Handlungen geht? Angenommen, wir wissen genau, dass ein Bruch einer Regel bessere Konsequenzen hätte. Kann man das als Konsequentialist für irrelevant halten?

Gerechtigkeit

UMKA-Prinzip

Der Konsequentialismus in Form des Prinzips UMKA verlangt, dass wir so handeln, dass die Konsequenzen in der Summe für alle Betroffenen möglichst gut ausfallen. Nachteile, die einigen Betroffenen daraus resultieren, müssen dabei durch größere Vorteile an anderer Stelle aufgewogen werden. Aber: Nichts garantiert, dass dies in einer Weise geschieht, die intuitiv gerecht erscheint.

Summe der Vorteile

Angenommen etwa, wir können entweder einer Person einen sehr großen Vorteil verschaffen oder allen beteiligten Personen einen gleichen, aber geringeren Vorteil. Der Konsequentialismus achtet nun allein auf die relative Größe dieser Vorteile (s.o.). Aber wir haben oft den Eindruck, dass es um mehr gehen muss. Angenommen, die eine Person, die stärker bevorteilt werden könnte, steht ohnehin schon sehr gut da. Wäre es dann nicht gerecht, denjenigen, die bislang eher zu kurz gekommen sind, etwas zugutekommen zu lassen, auch wenn diese Vorteile für die Schwächeren eine kleinere Summe ergeben?

Gerechte Verteilung

Der Konsequentialismus scheint in seinem Fokus auf quantitativen Vergleichen blind dafür zu sein, wie diese Quantitäten denn verteilt sind.

Abnehmender Grenznutzen

Konsequentialisten können allerdings argumentieren, dass solche Fälle aus prinzipiellen Gründen sehr selten sein werden.

Typischerweise, so die Idee, sind nämlich diejenigen, die bisher zu kurz gekommen sind, auch diejenigen, für deren Wohlfahrt wir am meisten tun können. Im Hintergrund steht eine psychologische These, die im Utilitarismus und der Wohlfahrtsökonomie breite Akzeptanz genießt – nämlich die, dass alle Güter einen abnehmenden Grenznutzen haben.

Abnehmender Grenznutzen
Der Grenznutzen eines Guts G für einen Akteur S ist der Wohlfahrtsgewinn, den S aus einer weiteren Einheit von G (zusätzlich zu seinem jetzigen Bestand) ziehen würde. Die Idee, dass dieser Grenznutzen abnimmt, besagt dann einfach: Je mehr Einheiten von G der Akteur S bereits besitzt oder konsumiert hat, desto geringer ist der Gewinn aus einer weiteren Einheit.

Das ist in der Tat sehr einsichtig: Wer wenig Brot hat, dem ist durch eine weitere Einheit Brot viel geholfen. Wer sich hingegen vor Brot kaum noch zu retten weiß, wird weniger Wert auf eine weitere Portion legen. Oder: Eine Familie, die ein Auto hat, könnte vielleicht großen Nutzen aus einem Zweitwagen ziehen. Aber eine Familie mit vier Autos wird aus einem fünften nur noch wenig zusätzliche Vorteile ziehen. Das Prinzip gilt sogar für Geld: Wer pleite ist, für den sind zusätzliche zehn Euro ein wichtiger Fortschritt. Ein Reicher aber wird sich kaum danach bücken.

Wenn dieses Prinzip korrekt ist, kann man sagen: Alle Güter, mit denen wir Wohlfahrt vermehren können, erzeugen dort die meiste Wohlfahrt, wo es bislang am wenigsten von ihnen gibt. Daher gibt es für Konsequentialisten starke und prinzipielle Gründe, Geld an Arme zu geben, Brot an Hungrige zu verteilen, Mitbestimmung den Unterdrückten zu ermöglichen, und so weiter.

Gerechtigkeitseinwände

Damit ist schon einiges getan, um Gerechtigkeitseinwänden wider den Konsequentialismus zu begegnen. Allerdings kann man den Eindruck haben, dass das volle Gewicht der Gerechtigkeit damit nicht erfasst wurde. Es ist nicht nur eine kontingente psychologische Gesetzmäßigkeit, die es praktisch sinnvoll macht, die Ärmeren und Schwächeren besonders zu berücksichtigen. Es ist eine moralische Notwendigkeit, dies zu tun. Wir schulden denen, die zu kurz gekommen sind, besondere Berücksichtigung – ganz gleich, ob sie wirklich besonders effektiv Wohlfahrt generieren.

Doch sogar diesem Bedenken können Konsequentialisten Rechnung tragen. Einige von ihnen modifizieren das Prinzip

UMKA in einer Weise, die Schlechtergestellten einen prinzipiellen moralischen Vorrang zuweist: Sie formulieren eine priorisierte Version des Konsequentialismus.

Priorisierter Konsequentialismus

Hier lautet die Idee, dass Wohlfahrtsgewinne derjenigen, die schlechter dastehen, in der Berechnung der Summe der Vorteile aller Betroffenen eine besondere Gewichtung erfahren. Diese Idee unterscheidet sich von der Idee des abnehmenden Grenznutzens von Gütern. Diese letztere Idee besagte ja, dass dieselbe Menge eines bestimmten Guts bei Schlechtergestellten mehr Wohlfahrt erzeugt. Jetzt geht es aber um die Idee, dass dieselbe Menge an Wohlfahrt bei Schlechtergestellten einen größeren *moralischen* Wert hat. Angenommen also, ein bestimmtes Gut wäre zufällig für jemanden, der schon sehr gut dasteht, eine immense Hilfe. Wir könnten das Leben dieser Person dadurch enorm verbessern. Es gibt auch eine bedürftige Person, der wir das Gut zukommen lassen könnten. Dieser Person würde in diesem Falle aber nur ein wenig geholfen. Die Verbesserung, die sich für ihre Wohlfahrt ergibt, ist kleiner als im Falle der bessergestellten Person. Der priorisierte Konsequentialismus kann an dieser Stelle dennoch sagen, dass es von größerer moralischer Wichtigkeit ist, die Wohlfahrt der bedürftigen Person zu verbessern, wenn auch wenig.

Vergleich der Wohlfahrtsniveaus

Diese Variante stellt freilich höhere Ansprüche an die interpersonelle Vergleichbarkeit von Wert oder Wohlfahrt als der einfache aggregative Konsequentialismus. Es wurde in 3.1 darauf hingewiesen, dass UMKA es nicht erfordert, das Wohlergehen verschiedener Individuen *absolut* zu vergleichen. Die relevante Summierung war nicht darauf angewiesen, zu entscheiden, ob und wann es Individuen gleich gut oder ungleich gut geht. Es war lediglich erforderlich, Differenzen (also Zugewinne oder Verluste) interpersonell zu vergleichen. Wenn wir uns aber nun um diejenigen besonders kümmern wollen, die schlechter gestellt sind, so müssen wir natürlich vergleichen können, wer unter den Betroffenen, absolut betrachtet, besser oder schlechter dasteht. Ein priorisierter Konsequentialismus fordert, Wohlfahrtsniveaus zwischen Individuen zu vergleichen.

Wir müssen nun also das Wohlergehen von Individuen in einer Weise beziffern können, bei der gleiche Zahlenwerte für verschiedene Individuen ausdrücken, dass diese Individuen gleichermaßen gut oder schlecht gestellt sind. Nimmt man dies an, so kann die Priorisierung leicht implementiert werden. So kann man vorschlagen, dass für jede Handlung nicht mehr einfach die Zahlenwerte x, y,... für das individuelle Gut der Individuen addiert werden, sondern vielmehr die Werte einer Funktion *f*, also *f*(*x*), *f*(*y*), ... Die Funktion *f* müsste eine steigende, konkave Funktion sein – also eine, die auf einen gegebenen Anstieg der individuellen Wohlfahrt mit einem geringeren Anstieg ihrer Werte reagiert. So ergäbe sich quasi ein „abnehmender moralischer Grenznutzen", und das Wohlergehen der Schwächsten erhielte in der Wertsumme systematisch mehr Gewicht.

Leximin

Eine besonders radikale Variante dieses Gedankens nennt sich Leximin. Hier werden Handlungen zunächst ausschließlich danach beurteilt, wie sie sich auf die Schlechtestgestellten auswirken, und es wird die Alternative gewählt, die sie im Vergleich am meisten begünstigt. Dabei kommt die Wohlfahrt aller anderen Individuen gar nicht in Betracht. Nur dann, wenn mehrere Alternativen für die Schlechtestgestellten gleich gut (und besser als alle anderen sind), wird zur weiteren Auswahl berücksichtigt, wie es denjenigen ergeht, die am zweitschlechtesten dastehen.

Minima

In dieser Weise orientiert man sich an den schwächsten Positionen (den Minima). Und wie in einem Lexikon oder Wörterbuch wendet man sich dem nächsten Punkt (also den Zweitschwächsten) erst dann zu, wenn das erste Kriterium vollständig abgearbeitet ist. (Deshalb der Name „Leximin.")

Die Separatheit von Personen

Es gibt ein weiteres Bedenken gegenüber der Art und Weise, wie der Konsequentialismus Vorteile und Nachteile verschiedener Personen gegeneinander abwägt. Hier lautet die Sorge nicht nur, dass dieses Abwägen womöglich ungerecht ausgeht. Sie lautet, dass dieses Abwägen per se verfehlt ist. Dabei geht es nicht um das Bedenken, dass es vielleicht doch nicht möglich ist, Wohlergehen interpersonell zu vergleichen. Es geht um ein moralisches Bedenken: Das Abwägen erscheint *falsch*.

John Rawls und Robert Nozick: Separatheit von Personen

Dieser Einwand findet seine maßgebliche Formulierung bei John Rawls (1921–2002) und Robert Nozick (Rawls 1971, Nozick 1974). Sie kritisieren, dass der Konsequentialist Vor- und Nachteile verschiedener Personen so miteinander verrechnet, als ginge es um dieselbe Person. Dabei ignoriere der Konsequentialist, was diese Autoren die Separatheit von Personen nennen.

Erinnern wir uns abermals an den natürlichen Gedankengang, der den Konsequentialismus motiviert. Wir sorgen uns im Alltag um die Auswirkungen von Handlungen auf unser Wohl, dabei wägen wir positive und negative Auswirkungen ab. Diese Perspektive ist es dann, die unparteiisch ausgeweitet wird. Wir wägen Vor- und Nachteile aller Betroffenen so ab wie zuvor die unsrigen.

Genau an diesem Punkt, so Rawls und Nozick, machen wir einen moralischen Fehler. In der Tat, so stimmen beide zu, ist es oft richtig, wenn wir Nachteile *für uns* in Kauf nehmen, um größere Vorteile *für uns* zu erzielen. Wir leisten oftmals einen Verzicht, wenn uns dies später zugute kommt. Aber, und dies ist der entscheidende Punkt: Es ist ein Fehler, so zu tun, als dürften wir es mit anderen automatisch genauso machen. Wir können nicht mit gleichem Recht erwarten, dass Paula Nachteile in Kauf nimmt, damit es Marie besser ergeht. Denn der Verzicht Paulas wird ja in keiner Weise kompensiert dadurch, dass er Marie zugutekommt. Und der Hinweis, dass es eine Form der Unparteilichkeit sei, die das gebiete, wird in den Ohren von Paula wohl wie purer Hohn klingen.

Summe von Wohlergehen über Individuengrenzen hinweg

Wenn wir also Summen von Wohlergehen über Individuengrenzen hinweg bilden, so verkennen wir, dass es einerseits die Individuen gibt, die profitieren, und anderseits die anderen, die die Zeche zu zahlen haben. Dabei geht es gar nicht darum, wie die Vor-und Nachteile verteilt werden, sondern darum, dass man Individuen überhaupt in dieser Weise für andere bezahlen lässt.

Nozick formuliert den Einwand in einer Weise, die an Ideen von Immanuel Kant anknüpft (s.u., Kapitel 4). Er kritisiert, dass diejenigen, die Nachteile zugunsten anderer zu schultern haben, als bloße Mittel für fremde Zwecke herhalten. Wir behandeln dann ihr Leben und ihr Wohlergehen wie eine Ressource, die wir „anzapfen" können, um anderen etwas davon zukommen zu lassen.

Konsequentialisten können darauf entgegnen, dass es sich oftmals nicht vermeiden lassen wird, Dinge zu tun, die einigen zum Vorteil und anderen Nachteil gereichen müssen. Und der Kerngedanke ihrer Theorie ist es immerhin, in dieser Weise niemandes Schicksal wichtiger zu nehmen als das Schicksal eines jeden anderen. Allerdings können ihre Gegner an dieser Stelle berechtigte Zweifel anmelden. Sie widersprechen der Idee, die Maximierung einer Summe von Vorteilen verschiedener Personen sei die richtige Weise, jeder Person gleiches Gewicht zu geben.

Elizabeth Anscombe und John Taurek

Kritiker, die diesen Einwand vorbringen, sind z.B. Elizabeth Anscombe (1919–2001) und John Taurek (1936–2003). Sie gehen so weit, zu bestreiten, dass das Gesamtwohl einer Gruppe überhaupt ein legitimer Gegenstand moralischer Berücksichtigung sei. Taurek (1977) bestreitet speziell, dass ein Leid, das einer größeren Anzahl von Personen widerfährt, ein größeres Leid sei.

Das sei kurz erklärt: Es ist kaum zu bestreiten, dass wir oft annehmen, dass ein Schaden, der mehr Personen betrifft, ipso facto auch ein größerer Schaden ist. Wenn wir z. B. von einer Katastrophe erfahren, so sind wir umso bestürzter, je größer die Anzahl der Todesopfer ist. Aber Taurek stellt eine ebenso radikale wie verblüffend einleuchtende Frage:

Wer erleidet den größeren Schaden?

Wer erleidet den angeblich größeren Schaden eigentlich? Angenommen, wir erfahren, dass fünf Personen statt „nur" einer Person sterben. Ist das ein größerer Verlust, gar ein fünffacher? Wenn ja, wessen Verlust ist dieser fünffache Verlust? Gibt es jemanden, der fünf Leben verliert, oder einen fünffachen Tod stirbt?

Die Antwort scheint „Nein" zu lauten. Aber, so Taurek: Ein Schaden, der niemanden betrifft, ist kein Schaden – jedenfalls kein Schaden im moralisch relevanten Sinne. Wenn wir uns also zu entscheiden haben, ob wir eine Person oder aber fünf andere Personen vor dem Tod retten, dann sollten wir nicht so tun, als drohe auf Seiten der fünf ein fünffacher Schaden. Es gibt auf beiden Seiten nur Individuen, die jeweils ihr eigenes Leben zu verlieren haben, und es gibt unter den fünfen niemanden, dem ein größerer Verlust droht als der einen Partei auf der anderen Seite.

Man mag versucht sein, zu sagen, dass unter den Angehörigen der fünf Opfer mehr Trauer und Leid erzeugt würde. Aber damit übersieht man, dass sich hier dasselbe Problem ergibt. Es ist in der Tat nicht unwahrscheinlich, dass eine größere Anzahl Opfer auch eine größere Anzahl trauernder Hinterbliebener hinterlässt. Aber wieder zeigt sich hier unsere Neigungen, den Verlust all dieser einzelnen Hinterbliebenen zu einem „Gesamtverlust" zu addieren. Und wieder wird der Anhänger Taureks fragen können, wer denn diese monumentale Gesamt-Trauer erleiden müsste.

Ansprüche einer Person

Das heißt aber: Wenn wir vorschreiben, dass die fünf Personen gerettet werden müssen, weil so der größere Schaden verhindert wird, so missachten wir die Ansprüche der einen Person, deren Leben plötzlich viel weniger wiegen soll als die einzelnen, nicht summierbaren Leben der anderen.

Viele Autoren, die von Taurek beeinflusst sind, schließen, dass es in Situation dieser Art falsch wäre, einen angeblichen Gesamtnutzen zu maximieren, weil in dieser Weise eben doch nicht jedes Schicksal gleich gewichtet wird. In der irrigen Annahme, es gäbe einen gemeinsamen Schaden der größeren Gruppe, erhalten in Wahrheit die beteiligten Individuen ein ungleiches Gewicht. Was wir stattdessen tun sollten, so die Anhänger Taureks (wenngleich Taurek selbst keine Forderung dieser Art erhebt), ist, ein faires Los zwischen dem einen und den fünf entscheiden zu lassen. In dieser Weise, und nicht durch konsequentialistische Maximierung, ist gleiche Berücksichtigung der Individuen möglich, weil jeder von ihnen die gleiche Chance erhält. (Vgl. aber Henning 2015.)

Weiterführende Literatur:

Die klassischen Texte der utilitaristischen Tradition sind Bentham (1780/1970), Mill (1863/1998) und Sidgwick (1907/1962). Eine gelungene Sammlung von Texten der Klassiker und der nachfolgenden Debatten in deutscher Übersetzung ist Schroth (Hrsg.) (2016). Wichtige Diskussionen verschiedener Wohlfahrtstheorien sind Parfit (1984, Appendix I) und Griffin (1989).

4. Deontologische Ethik

Zugehörigkeit zu den deontologischen Ansätzen

Deontologische Ansätze teilen, anders als der Konsequentialismus, nicht etwa einen bestimmten Grundgedanken. Vertreter solcher deontologischen Theorien verstehen sich daher selbst gar nicht als Teil einer irgendwie homogenen Denkrichtung. Zugehörigkeit zur Gruppe der deontologischen Ansätze wird zumeist negativ bestimmt, durch eine Abgrenzung zum Konsequentialismus. (Auch in dieser Gruppierung zeigt sich also die angesprochene dominante Rolle des Konsequentialismus in der aktuellen Ethik. Auch diejenigen, die ihn nicht befürworten, werden im Verweis auf ihn klassifiziert.)

Wenn Deontologen also etwas eint, dann die Überzeugung, dass der moralische Status einer Handlung nicht immer durch ihre Konsequenzen bestimmt ist. Handlungen können geboten sein, obwohl ihre Konsequenzen nicht die besten wären, oder verboten, obwohl ihre Konsequenzen toll wären. Abgesehen von dieser Überzeugung unterscheiden sich die Ansätze aber durchaus stark.

Historisch wichtiger Ansatz: Ethik göttlicher Gebote

Einige der historisch wichtigsten Ansätze gehören zu dieser Gruppe. So zählt z. B. die Ethik göttlicher Gebote dazu, die moralische Verpflichtungen durch den Willen Gottes erklärt. Diese Vorstellung fand (und findet) unter religiösen Menschen oft Akzeptanz. Philosophen zählen jedoch seltener zu ihren Anhängern – und zwar auch dann, wenn sie selbst gläubig sind. Das liegt daran, dass die Idee, Gott sei wirklich der Urheber der Moral, viele Fragen aufwirft. (Hätte Gott wirklich beliebige Gräueltaten moralisch zulässig machen können? Und sollte Gott seine Gebote wirklich völlig beliebig erlassen haben, ohne sich selbst an Ideen vom Guten zu orientieren? Kann man seine Gebote dann überhaupt in einem echten Sinne als weise oder gütig etc. bezeichnen?)

Tradition der Naturrechtslehre

Eine andere wirkmächtige Tradition ist die Naturrechtslehre, die im Ausgang von der antiken Philosophie (vor allem von Aristoteles, siehe Kapitel 6) in der mittelalterlichen Philosophie von Thomas von Aquin (1225–1274) formuliert wurde. Hier herrscht der Gedanke vor, dass sich verbindliche Regeln menschlichen Handelns aus gehaltvollen Vorstellungen darüber entwickeln lassen, was für die menschliche Spezies und ihre spezifische natürliche Lebensform gedeihlich ist.

Intuitionismus

In der neueren Philosophie leben einige der Ideen dieser Traditionen fort, freilich in einer Weise, die sich von theologischen

Annahmen und von Ideen über die menschliche Natur verabschiedet. Es handelt sich um den sog. Intuitionismus, dessen Hauptvertreter z.B. William D. Ross, Harold A. Prichard (1871–1947) und Alfred C. Ewing (1899–1973) waren. Diese Philosophen formulieren ebenfalls eine Reihe moralischer Vorschriften. Sie verzichten aber darauf, diese Vorschriften weiter begründen zu wollen. Aus der Erkenntnis Humes (s. Kap. 1), dass moralische Urteile zu ihrer Begründung immer auf moralische Prämissen angewiesen sind, schließen sie (zu Recht), dass einige moralische Annahmen als letzte Grundsätze gelten müssen. Solche Grundsätze, so behaupten Vertreter des Intuitionismus, müssten unmittelbar evident sein. Freilich wird gegen diese Ansätze oft eingewandt, dass ihrer Theorie jegliches Fundament fehlt.

Vernunftethik und Kontraktualismus

Wir konzentrieren uns im Rahmen dieses Textes jedoch auf andere deontologische Ansätze: die Vernunftethik von Immanuel Kant und den Kontraktualismus von Thomas Scanlon. Die Ansätze dieser Philosophen teilen mit dem Konsequentialismus den Versuch, unser moralisches Wissen nicht auf eine Pluralität letzter Grundsätze zurückzuführen, sondern ebenfalls nur auf einen einzigen obersten Grundsatz. Die Grundsätze dieser Philosophen haben dabei den weiteren Vorzug, dass sie wie der Konsequentialismus auf einem einleuchtenden Grundgedanken beruhen.

4.1 Ein anderer Grundgedanke

Es wurde bereits dargestellt, dass der Konsequentialismus letztlich eine natürliche Perspektive auf unser Handeln unparteiisch ausweitet. Unsere Handlungen wirken sich auf unsere eigene Wohlfahrt aus und wir bemühen uns, so zu entscheiden, dass es unserer Wohlfahrt insgesamt zuträglich ist. In dieser Perspektive sind wir selbst einfach Wesen, die von den Konsequenzen unseres Tuns profitieren oder unter ihnen leiden. Wenn wir moralisch denken, so wenden wir den Grundsatz der Unparteilichkeit an und schließen, dass die Perspektive aller Wesen, die die Konsequenzen unseres Tuns erleiden, genauso berücksichtigt werden muss wie unsere Perspektive.

Was hier unparteilich ausgeweitet wird, ist eine passive oder rezeptive Haltung zu unseren Entscheidungen – wir reihen uns als Gleiche ein in die Gruppe derer, die von unseren Handlungen betroffen sind, und bewerten sie aus dieser Perspektive. Die Grundidee:

Es darf keinen Unterschied für die Bewertung unserer Entscheidung machen, ob wir selbst ihre Konsequenzen erleiden oder jemand anders.

Die Ansätze, die nun diskutiert werden sollen, beruhen auf einem ähnlichen Gedankengang. Wieder geht es darum, unsere Perspektive auf unsere Handlungen und Entscheidungen unparteilich auszuweiten. Es ist jedoch eine andere Perspektive, die dergestalt ausgeweitet wird. Wir betrachten unsere Entscheidungen nicht aus der passiven Perspektive desjenigen, der von ihren Konsequenzen betroffen ist. Sondern wir betrachten sie aus der aktiven Perspektive derjenigen, die die Entscheidung treffen. Wenden wir den Grundsatz der Unparteilichkeit auf diese Perspektive an, so erhalten wir einen anderen, aber ähnlich plausiblen Grundgedanken:

Es darf keinen Unterschied für die Bewertung unserer Entscheidung machen, ob wir selbst sie treffen oder jemand anderer.

Dies sei etwas näher erläutert: Wenn wir uns für Handlungen entscheiden, so erheben wir Ansprüche gegenüber anderen. Wir muten ihnen zu, mit unseren Entscheidungen zu leben, und wir behandeln unsere Beweggründe als hinreichend, um unsere Urteile und Handlungen zu begründen. Wenn ich mein Haus knallgelb anstreiche, weil es mir gefällt, so führe ich es herbei, dass die Erfahrungswelt vieler Wesen nun um ein knallgelbes Haus reicher ist, und ich behandle mein Faible für diese Farbe als einen hinreichenden Grund für diesen Eingriff. Kurzum: Ich nehme mir bestimmte Vorrechte heraus. Auch dieser Aspekt von Handlungen kann einer unparteilichen Sichtweise zugeführt werden. Sowenig ich sagen kann, dass leidvolle oder freudige Konsequenzen objektiv mehr Gewicht haben, wenn sie mich betreffen, sowenig darf ich davon ausgehen, dass meine Entscheidungsspielräume irgendeine Sonderbehandlung oder -betrachtung verdient haben.

Ansätze Kants und Scanlons

Die Ansätze Kants und Scanlons nehmen ihren Ausgang bei diesem Grundgedanken: Wir dürfen, indem wir eine bestimmte Entscheidung treffen, keine Vorrechte in Anspruch nehmen, die uns über andere Entscheidungssubjekte erheben. Freilich wählen Kant und Scanlon etwas andere Weisen, um diesen Grundgedanken zu spezifizieren. Kants Prinzip fordert letztlich, dass jede Entscheidung, die wir treffen, so beschaffen sein muss, dass auch alle anderen Vernunftwesen die gleiche Entscheidung aus den gleichen Gründen treffen könnten. In diesem Sinne ist sichergestellt, dass wir unserer Willkür und unseren Beweggründen keine Sonderrolle zuschreiben. Scanlon hingegen fordert, dass unsere Entscheidung nach Prinzipien erfolgt, die auch dann akzeptabel wären, wenn alle Vernunftwesen in die Entscheidung über diese Prinzipien einbezogen wären. In diesem Sinne wird die Entscheidung als eine betrachtet, an der andere Vernunftwesen Anteil haben.

Die Ansätze Kants und Scanlons lassen sich also durch einen Gedankengang motivieren, der dem Grundgedanken des Konsequentialismus in punkto Natürlichkeit kaum nachzustehen scheint. Im Folgenden soll es nun aber darum gehen, auch diese Ansätze in ihren Details zu diskutieren.

4.2 Kant: Der kategorische Imperativ

Kants Ethik gleicht dem Konsequentialismus darin, dass sie einen Grundsatz formuliert, aus dem sich alle moralischen Verpflichtungen ableiten lassen sollen. Kant formuliert diesen Gedanken so:

Kategorischer Imperativ
Handle so, dass du die Maxime deines Wollens auch als allgemeines Gesetz wollen kannst.

Maxime

Eine Maxime ist dabei einfach das Verständnis des Handelnden davon, was er tut und warum. Sie ist eine Beschreibung seines Tuns und seiner Gründe in genau der Form, in der sie Gegenstand seines praktischen Überlegens und seiner Entscheidung waren. Die Forderung, dass diese Maxime ein allgemeines Gesetz sein können soll, besagt also genau das, was im letzten Abschnitt formuliert wurde: Es muss möglich sein, dass jedes Vernunftwesen die so beschriebene Entscheidung aus den so beschriebenen Gründen fällt. Dass wir *wollen können* müssen, dass die Maxime ein solches Gesetz wird, beinhaltet einfach, dass wir vollkommen mit uns selbst im Reinen sein können müssen, wenn wir unsere Entscheidung treffen und gleichzeitig bejahen sollen, dass andere genauso entscheiden. Nichts an unserem Plan darf so sein, dass wir insgeheim darauf bauen müssen, dass es anders ist. Anders gesagt: Unsere Entscheidung darf nicht auf der Voraussetzung beruhen, dass andere sich in ihren Entscheidungsspielräumen stärker beschränken, als wir es mit der Entscheidung tun.

Nur ein Sonderfall

Dabei geht es nicht darum, ob der Gedanke, dass jedes Vernunftwesen nach meiner Maxime handelt, erfreulich oder bestürzend wäre. Es geht vielmehr um die Frage, ob meine Entscheidung so beschaffen ist, dass sie nur als Sonderfall oder, wie Kant sagt, als Ausnahme gemeint sein *kann*. Dazu ist die Frage wichtig, ob diese Entscheidung überhaupt so gefällt werden *könnte*, wenn ich zugleich bejahen müsste, dass jedes andere Vernunftwesen die gleiche Entscheidung ebenso fällt.

Das kann, so Kant, auf mehreren Ebenen scheitern. In vielen Fällen, ergibt schon der Gedanke, dass alle Vernunftwesen nach meinen Gründen entscheiden, keinen Sinn. Das gilt speziell bei Handlungen, die nur möglich sind, wenn sich hinreichend viele Akteure nicht so entscheiden wie ich. Um etwa jemanden belügen zu können, ist ein Umfeld erforderlich, in dem Menschen auf das Wort anderer vertrauen und sich deshalb irreführen lassen. In einem solchen Umfeld kann die Lüge nicht die Regel sein. Ähnliches gilt für Formen des Trittbrettfahrertums. Angenommen etwa, die Erwachsenen in der Nachbarschaft kümmern sich abwechselnd um alle Kinder in der Nachbarschaft und unternehmen etwas mit ihnen. Ich profitiere gerne davon und lasse meine Kinder betreuen, aber als die Reihe an mir ist, mit den Kindern etwas zu unternehmen, drücke ich mich. Dies ist ein sog. öffentliches Gut. Ich kann solche Güter nur deshalb nutzen, ohne selbst etwas beizutragen, weil es andere gibt, die sich um den eigenen Beitrag nicht drücken.

Parasitäre Entscheidungen

Wenn ich also dergestalt entscheide, zu lügen oder zu schmarotzen, so formuliert meine Maxime einen Plan, der nur als Ausnahme möglich ist. Daher sind diese Entscheidungen nicht damit vereinbar, dass ich jedem in unparteiischer Weise gleiche Vorrechte im Entscheiden einräume. Diese Entscheidungen sind parasitär gegenüber den größeren Beschränkungen, die andere akzeptieren.

Der Kern der Unmoral

Darin liegt der Kern der Unmoral – ein Verstoß gegen die Forderung der Ethik Kants, seine Freiräume als Entscheider in einer unparteilichen Weise zu gestalten und zu begrenzen. Interessant ist, dass diese Beurteilung tatsächlich unabhängig von den

Konsequenzen meiner Entscheidungen ist. Kants Vorwurf lautet nicht, dass die Entscheidungen, zu lügen oder von einem öffentlichen Gut unfair zu profitieren, schlechte Konsequenzen haben. Speziell geht es nicht um den (wenig überzeugenden) Gedanken, dass meine Lüge oder mein Schmarotzertum notwendig dazu beitragen, dass weniger Leute sich an die Wahrheit halten oder zu öffentlichen Gütern beisteuern. Auch wenn diese oder andere negative Konsequenzen ausbleiben, ist der bloße Umstand, dass ich diese Entscheidung nur als exklusives Vorrecht in einer Sonderposition fällen kann, verwerflich.

Aber ist diese Argumentation nicht *zu* erfolgreich? Angenommen, ich beschließe, Bäcker zu werden. Ist das nicht auch eine Entscheidung, die nicht alle treffen können? Und verhält es sich nicht genauso mit meinem Beschluss, im Laden ein bestimmtes Brot zu kaufen, oder einen bestimmten Parkplatz zu wählen etc.? Wären dann nicht alle diese Entscheidungen unmoralisch?

Ein unbedingtes Vorrecht

Hier müssen wir genauer hinsehen. Gestehen wir zu, dass es tatsächlich nicht möglich ist, dass wir alle Bäcker werden. Wenn es so ist, dann ist der Bäckerberuf ein knappes Gut. Wenn ich nun in der Tat beschließen würde, mir dieses Gut zu sichern, ohne zu beachten, ob andere es ebenso wollen wie ich – dann ist es gar nicht unplausibel, diesen Beschluss unmoralisch zu finden. Nicht anders wäre es, wenn ich auf ein unbedingtes Vorrecht vor allen anderen pochen würde, genau dieses Brot und diesen Parkplatz zu haben. Aber natürlich sind das auch nicht die Beschlüsse, die wir in diesen Zusammenhängen treffen.

Koordinative Mechanismen

Typischerweise sind unsere Entscheidungen durchaus auf die Pläne anderer abgestimmt. Oftmals geschieht diese Abstimmung dadurch, dass diese Entscheidungen darauf zielen, koordinative Mechanismen zu nutzen, die allen offen stehen. Ich beschließe z.B., mich auf einen Ausbildungsplatz als Bäcker zu bewerben und hoffe, dass ich genommen werde. Und ich beschließe, meinen favorisierten Parkplatz zu besetzen, *falls* nicht jemand eher dort war und bereits blinkt etc. *Diese* Beschlüsse sind, wenn sie als Maximen formuliert werden, gesetzestauglich.

Instrument zur moralischen Prüfung unserer Pläne

Hier erweist sich Kants Kriterium sogar als gutes Instrument zur moralischen Prüfung unserer Pläne (Für eine ausführlichere Diskussion vgl. Henning 2016, 127ff.)

In anderen Fällen sieht ein Verstoß gegen den kategorischen Imperativ etwas anders aus. Hier ist es zwar durchaus vorstellbar, dass jeder nach meiner Maxime handelt. Aber meine Maxime würde als Gesetz in anderer Weise mit meinem Willen in Widerspruch geraten. Auch das verrät, so Kant, dass die Maxime nur für den eigenen Fall von mir gewollt sein kann. Wie ist das gemeint?

Beispiel

Kant gibt das Beispiel einer Person, die grundsätzlich auf Wohltätigkeit verzichten will – speziell darauf, anderen Wesen beim Erreichen ihrer Ziele Unterstützung zu leisten. Kant behauptet, dass ich als Wesen, das selber Ziele hat, nicht wollen kann, dass andere diese Maxime mir gegenüber befolgen. Daher kann ich nicht wollen, dass die Maxime, die ich mir zu eigen machen will, Gesetz wird. Aber Vorsicht: Auch in diesem Falle ist das Problem nicht, dass es mir nicht gefallen würde, keine Unterstützung zu erhalten. Wiederum muss es in einem stärkeren Sinne eine Bedingung meiner eigenen Entscheidung sein, dass andere sie nicht in dieser Form treffen.

Kants Gedanke ist dieser: Wenn ich ein Ziel erreichen will, so lege ich fest, dass dieses Ziel erreicht werden soll. Dann kann ich aber nicht ohne Widerspruch bekunden, es sei mir egal, ob mir Hilfe widerfährt, wenn es nötig oder zuträglich wäre. Wenn das Ziel erreicht werden soll, so soll passieren, was dem Ziel förderlich ist (und anderweitig keinen Schaden anrichtet). Daher ist es in der Tat generell inkohärent, ein Ziel zu wollen, aber die nötige Unterstützung auszuschlagen. Wenn ich notwendige Unterstützung ausschlage, gebe ich das Ziel auf. Umgekehrt gilt daher auch: Sofern ich das Ziel will (und es also nicht aufgebe), so schlage ich Unterstützung eben nicht aus.

Was aber, wenn es Teil aller meiner Ziele ist, sie ohne fremde Hilfe zu erreichen? Auch dann kann ich höchstens die Maxime, niemandem zu helfen, der keine Hilfe will, als Gesetz wollen. Immerhin, so bemerkt Kant, kann ich nicht ausschließen, dass ich in Zukunft doch einmal ein Ziel einfach so erreichen will, mit oder ohne Hilfe. Und dann bin ich wieder in der zuvor genannten Situation, in der ich ein Gesetz der Nicht-Unterstützung nicht wollen kann.

Kann ich ein solches Gesetz nicht trotzdem bejahen? Gewiss, dann stünde ich später vielleicht ohne Hilfe da, obwohl ich sie will. Aber was schert mich das jetzt? Auch diese Möglichkeit besteht nicht. Sie führt ihrerseits auf einen Konflikt. Immerhin nehme ich jetzt gerade für mich in Anspruch, darüber zu entscheiden, ob mir Hilfe zuteilwird. Gleichzeitig muss ich meinem zukünftigen Selbst genau diese Möglichkeit versagen. Aber nach einem Gesetz sollen alle Akteure *zu allen Zeiten* handeln können.

Mit anderen Worten: Ich bevorzuge meinen jetzigen Willen in asymmetrischer Weise gegenüber meinem zukünftigen Willen. Auch dies ist, Kant zufolge, eine Form von Unmoral. Es ist nicht nur falsch, für sich selbst gegenüber anderen eine Ausnahme zu machen. Ebenso ist es falsch, für jetzige Interessen gegenüber späteren Interessen eine Ausnahme zu machen. In beiden Fällen gilt, wie Kant es formuliert: „[W]ir [nehmen] uns für uns die Freyheit, für uns, oder (auch nur für diesesmal) zum Vortheil unserer Neigung [...] eine Ausnahme zu machen" (IV: 424).

Wohltätigkeit ist eine Pflicht

Daraus ergibt sich, dass Wohltätigkeit eine Pflicht ist. Ich darf nicht nach der Maxime handeln, anderen nicht zu helfen, muss also anderen Hilfe und Unterstützung zuteilwerden lassen. Die Begründung für diese Pflicht hat aber eine charakteristische Form. Sie verweist nicht etwa darauf, dass das Wohlergehen anderer Wesen einen intrinsischen Wert hat. Sondern sie lautet: Mit einer Maxime der Nicht-Wohltätigkeit würde ich mir eine Entscheidung gönnen, die ich anderen nicht zugestehen kann. Damit würde ich mich und meine Freiräume über andere erheben. Abermals ist Vorsicht geboten: Das Problem, auf das Kant hier hinweist, besteht nicht etwa darin, dass mein Verzicht auf Wohltätigkeit die Konsequenz hätte, dass ich nicht mehr auf die Wohltätigkeit anderer mir gegenüber zählen kann. Derlei Kalkül ist nicht Teil der Begründung. Der bloße Umstand, dass meine Entscheidung eine Asymmetrie voraussetzt, macht sie unmoralisch.

Wohlergehen anderer als Zweck des eigenen Handelns

Was sich ergibt, so Kant, ist eine Pflicht, dem Wohlergehen anderer (der Verwirklichung ihrer Ziele) eine Rolle als Zweck im eigenen Handeln zu geben. Wir haben die Pflicht, das Wohlergehen anderer in das System von Zwecken, die wir verfolgen, aufzunehmen. Daraus folgt, so Kant, dass Wohltätigkeit eine „unvollkommene" Pflicht ist. Damit ist nicht gemeint, dass sie nachrangig wäre. Sondern: Da eine generelle Zielsetzung auf verschiedene Weisen befördert werden kann, wird sich nur selten eine bestimmte wohltätige Handlung als unbedingt gefordert erweisen. Oft gibt es Alternativen, zwischen denen wir wählen können (vgl. Henning 2016, 65 ff).

Vereinbarkeit von Entscheidungsspielräumen

Damit haben wir einen Eindruck davon, wie Kants Prinzip zu verstehen ist und welche Pflichten sich daraus ergeben. Solche Versuche, den kategorischen Imperativ anzuwenden, erzeugen dabei freilich bei vielen Lesern ein zwiespältiges Bild. Einerseits scheint Kants Kriterium in vielen Fällen den relevanten moralischen Punkt zu treffen, besonders vielleicht in solchen des Trittbrettfahrertums. Auch beeindruckt es, dass es letztlich immer nur ein Kriterium gibt, das den Ausschlag gibt: die Vereinbarkeit von Entscheidungsspielräumen. Nirgends ist es daher erforderlich, verschiedene Werte – etwa Wohlergehen und Freiheit – gegeneinander abzuwägen.

Kritik

Dennoch muss man auch Kritik üben. Einige der oben skizzierten Herleitungen spezieller Pflichten können durchaus als künstlich gelten. Man kann fragen: Sollte es wirklich eine derart umständliche Begründung dafür brauchen, dass das Wohlergehen anderer ein Zweck für uns ist? Insbesondere kann man fragen, ob Kants Begründungen auch hier den moralisch relevanten Punkt treffen. Kant zufolge sollen wir wohltätig sein, weil eine fehlende Bereitschaft zu Wohltätigkeit letztlich darauf beruhen muss, dass wir ungleiche Entscheidungsspielräume ausnutzen.

Problem?

Aber ist *das* wirklich das Problem? Sollte man nicht direkt sagen können, dass ein Mangel an Hilfe und Wohltätigkeit einfach schlecht ist, weil das Wohlergehen anderer ein intrinsisches Gut darstellt?

Einen deutlichen Ausdruck findet dieses Problem z.B. in Kants Spätwerk, in dem er darauf besteht, dass eine Lüge auch dann nicht moralisch gerechtfertigt sei, wenn sie notwendig ist, um einen unschuldig Verfolgten vor einem Mörder zu retten. Es ist freilich umstritten, ob dieses Urteil sich wirklich aus Kants Moralphilosophie ableiten lässt (vgl. dazu Henning 2016, 139 ff). Aber der bloße Umstand, dass es einigen argumentativen Aufwand braucht, um diese Konklusion zu vermeiden, deutet an, dass Wohlergehen in Kants Ethik vielleicht zu wenig eigenes Gewicht erhält.

In der Herleitung einzelner Pflichten ist Kants Ethik vielleicht nicht immer gleichermaßen überzeugend. Stärken hat sie aber in einem anderen Bereich – dem Bereich der Moralbegründung.

4.3 Kant über Vernunft, Autonomie und Freiheit

Moralische Grundsätze aus Vernunft

Wir verdanken Kant nicht nur einen Vorschlag für ein moralisches Grundprinzip, das durchaus moralische Plausibilität hat. Darüber hinaus macht Kant einige wichtige Beobachtungen dazu, wie sich moralische Grundsätze aus unserer Vernunft ergeben und wie sich ihre Verbindlichkeit erklärt.

Der Grundsatz der Unparteilichkeit, der eine zentrale Rolle in konsequentialistischen und in deontologischen Ansätzen spielt, ist auf den ersten Blick zweifellos einleuchtend. Er spielt auch in der Moralerziehung eine vertraute Rolle. Eine bevorzugte Weise, Kindern die moralische Dimension ihres Tuns zu erschließen, besteht darin, sie zu einer Perspektivübernahme aufzufordern: „Wie würdest du es finden, wann man dasselbe mit dir macht?" Die zentrale Voraussetzung muss dabei natürlich lauten, dass die Bewertung gleich ausfallen muss, ganz gleich wer „Täter" und wer „Opfer" ist. Aber woher bezieht die Unparteilichkeit eigentlich ihren Status?

Argument für die Unparteilichkeit

Kant ist bestrebt, ein zwingendes Argument für die Form der Unparteilichkeit zu entwickeln, die sein kategorischer Imperativ fordert. Speziell versucht Kant, die These zu begründen, dass dieser Grundsatz sich aus der Struktur der Vernunft ergibt. Der kategorische Imperativ, so Kant, ist einfach die oberste Richtschnur allen vernünftigen, praktischen Überlegens. Indem wir vernünftig über Vorhaben nachdenken und Gründe abwägen, haben wir ihn *nolens volens* akzeptiert.

Moralischer Rationalismus

Wir können diese These Kants als moralischen Rationalismus bezeichnen. Sein Argument beginnt mit Beobachtungen über die Rolle der Vernunft. Diese Rolle so Kant, besteht darin, fortgesetzt nach Gründen zu fragen. Sie äußert sich also in dem fortgesetzten Versuch, unsere Urteile auf Prinzipien zurückzuführen, die von allgemeinerer und weniger beschränkter Natur sind. Auch in Bezug auf solche begründenden Urteile wird die Vernunft erneut nach dem Warum fragen und weitere Begründungen suchen. Nun glaubt Kant, dass dieser Versuch im Bereich der theoretischen Welterkenntnis irgendwann an ihre Grenzen stößt. Im Bereich des praktischen Überlegens hingegen kann die Vernunft uns in der Tat erfolgreich auf ein letztes Prinzip führen.

Das lässt sich so verstehen: Wir begründen unsere praktischen Entscheidungen zunächst meistens dadurch, dass wir auf besondere Merkmale unserer Situation verweisen – auf Ziele, Wünsche, günstige Gelegenheiten etc. Angenommen also, ich begründe wie folgt:

Beispiel

„Ich fahre zum Bahnhof, um den Zug nach Münster zu nehmen." Wenn ich meine Vernunft nun an dieser Stelle nicht einfach ausblende, wird mir klar sein, dass sich eine Anschlussfrage ergibt. Sie lautet, was denn diese Begründung ihrerseits überzeugend macht. Ich mag dann sagen: „Ich möchte meinen Freund in Münster besuchen." Auf die erneute Frage, wieso *dies* denn für die Handlung spricht, könnte ich sagen: „Nun, es ist eben mein Wunsch." Daraufhin wird die Vernunft fragen, was denn eigentlich dafür spricht, meinen Wunsch zu erfüllen. Diese Frage kann ich nicht mehr dadurch beantworten, dass ich auf weitere Wünsche verweise. Könnte ich sagen, dass mir eben an *mir* liegt und ich gerne *meine* Interessen befördere? Die Gegenfrage der Vernunft ist erwartbar: Wieso genau ist denn der Verweis darauf, dass etwas *meinen* Interessen dient, eigentlich eine gute Begründung?

Mindestanforderung an Begründungen

In dieser Weise führt der Versuch, eine überzeugende Begründung zu finden, dazu, dass ich eine Perspektive einnehme, die sich immer weiter von mir und meinen besonderen Umständen entfernt. Nun lautet Kants Gedanke nicht, dass dieses fortgesetzte Fragen irgendwann auf eine zwingende Antwort führen muss. Die Idee ist eine andere: Indem die Vernunft fortgesetzt fragt, gibt sie mir zu verstehen, was denn eine Mindestanforderung an eine überzeugende Begründung wäre. Sie definiert durch die Struktur ihrer Fragen ein Kriterium für eine befriedigende Antwort. Was die Vernunft zufriedenstellen würde, wäre eine Begründung, die sich auch unter Absehung von meinen zufälligen Wünschen und auch unter Absehung von meiner Parteilichkeit für mich selbst als überzeugend erweist. Ich erkenne also an den Fragen meiner Vernunft, dass ihr letztes Kriterium ein objektives, unparteiliches Kriterium ist. Die Vernunft sucht etwas, das unabhängig von meiner Person und unabhängig von meinen zufälligen Anliegen als überzeugend gelten kann.

Kategorischer Imperativ

Und das ist genau das Kriterium, das auch der kategorische Imperativ formuliert: Meine Entscheidung muss so beschaffen sein, dass sie aus der Perspektive anderer Vernunftwesen ganz genauso als überzeugend behandelt werden kann, wie ich es tue. Die Vernunft drängt uns dazu, unsere Vorhaben aus einer Perspektive zu betrachten, in der wir übereinstimmen, d.h. allgemeine Prinzipien zu finden. Der kategorische Imperativ drückt das Kriterium der Vernunft aus. Wenn wir also in der Moral angehalten werden, unsere Vorhaben unparteiisch zu betrachten, dann ist das Kant zufolge ganz einfach identisch mit der Forderung, dieselben vernünftig zu betrachten.

Kant stützt sein Moralprinzip jedoch nicht nur dadurch, dass er seinen Ursprung in der Vernunft aufzeigt. Er weist auf weitere

Gemeinschaft gleichrangiger Wesen

Punkte hin, die die Bedeutung dieses Grundsatzes stützen. Kant zufolge versetzt uns dieses Prinzip nämlich in eine besondere Beziehung zu allen anderen Vernunftwesen. Wenn wir den kategorischen Imperativ akzeptieren, dann betrachten wir uns und alle anderen Vernunftwesen als eine Gemeinschaft gleichrangiger Wesen, die in gleichberechtigter Weise die Regeln ihres Handelns festlegen. Eine solche gemeinsame Selbstgesetzgebung bezeichnet Kant als Autonomie. Der Gedanke lässt sich so verständlich machen: Angenommen, eine Handelnde erkennt, dass die Maxime, die sie erwägt, dem kategorischen Imperativ entspricht, und sie handelt daraufhin danach. Dann gilt erstens: Der kategorische Imperativ hat sie angehalten, sicherzustellen, dass wir und alle anderen Vernunftwesen in der gleichen Weise über unser Tun bestimmen können. Sie hat uns und unsere Entscheidungsmöglichkeiten als eine kritische Instanz behandelt. Zweitens gilt aber: Sofern die Person dies getan hat, kann sie sicher sein, dass es keine berechtigten moralischen Einsprüche gegen sie gibt, und sie kann mit Recht an ihr festhalten. Kurzum: Diese Person betrachtet sich insofern als Herrin über ihn Tun, als sie sich als Teil einer Gemeinschaft von Akteuren verstehen kann, die genauso Herrinnen und Herren ihres Tuns sind.

Reich der Zwecke

Kant drückt dies so aus, dass moralisch denkende Akteure sich als Teil eines „Reichs“ gleichberechtigter Wesen verstehen. Er spricht von einem „Reich der Zwecke“ – einem Reich, in dem die Zielsetzungen aller Mitglieder gleichermaßen Verbindlichkeit für alle haben. In diesem Reich, so Kant, hat jedes Glied eine „Würde“, die mit der Position eines Mitglieds verbunden ist. In diesem Gedanken liegt dabei Kant zufolge ein wichtiger Grund für die Verbindlichkeit moralischer Forderungen: „die Pflicht, beruht gar nicht auf Gefühlen, Antrieben und Neigungen, sondern bloß auf dem Verhältnisse vernünftiger Wesen zu einander, in welchem der Wille eines vernünftigen Wesens jederzeit zugleich als gesetzgebend betrachtet werden muß“ (IV: 434).

Neben der Beziehung zur Vernunft und zur Autonomie hat der kategorische Imperativ laut Kant noch einen dritten wichtigen Aspekt, der seine Bedeutung erklärt. Genau dann nämlich, wenn wir uns am kategorischen Imperativ orientieren, so Kant, betrachten wir uns auch als frei. Es wurde ja bereits dargestellt, dass vernünftiges Überlegen (und daher, so Kant, auch moralisches Überlegen) darin besteht, keiner zufälligen subjektiven Bedingung automatisch die Berechtigung zu geben, über unser Handeln zu bestimmen. Ganz gleich, ob wir bestimmte Ängste oder Wünsche oder andere Antriebe in uns vorfinden: Die Vernunft und der kategorische Imperativ werden sie nicht als maßgeblich behandeln, solange sie sich nicht als objektiv vernünftig erweisen.

Unabhängig von Neigungen entscheiden

Das bedeutet aber, so Kant, dass wir im moralischen Überlegen eine Position der Freiheit einnehmen. Freiheit gehört zu den langlebigsten Themen in der Philosophie (und darüber hinaus): Entscheiden wir uns frei, oder sind wir von Motiven und Antrieben bestimmt, die ihren Ursprung anderswo haben? Kants These lautet, dass die Perspektive der Moral gerade diejenige ist, die wir einnehmen, wenn wir uns gegenüber allen solchen Antrieben als frei betrachten. Im moralischen Denken findet eine Form der Selbstermächtigung gegenüber den Impulsen, Ängsten und Gelüsten statt, die unser Handeln zu bestimmen trachten. Tatsächlich gilt, so Kant, dass wir unsere Entscheidungen gar nicht anders betrachten können als „unter der Idee der Freiheit". Wenn wir vor einer Entscheidung stehen, ist es schlechterdings keine Option, uns als determiniert zu betrachten. Wir können nicht dasitzen und abwarten, was wir wohl tun werden – und selbst wenn wir es können, wird *das* uns dann vorkommen wie etwas, das wir selbst so entschieden haben. Es gibt keine andere Möglichkeit, als uns im Entscheiden zumindest als frei zu betrachten. Und die Moral, so Kant, ist nichts anderes als die Artikulation dieser Perspektive auf unser eigenes Handeln.

4.4 Vertragstheorien, Moral und aufgeklärtes Eigeninteresse

Thomas Scanlon

Kants Moralphilosophie ist überaus wirkmächtig geworden. Noch heute erfreuen sich Sichtweisen, die mehr oder minder direkt an Kant anknüpfen, großer Beliebtheit unter Ethikern. Wir betrachten im nächsten Abschnitt ein wichtiges Beispiel eines solchen aktuellen Ansatzes. Dieser Ansatz, der auf Thomas Scanlon zurückgeht, verschafft einen Eindruck davon, wie Annahmen, die im weitesten Sinne Kantianisch sind, in neuer Weise angeeignet und formuliert werden können.

Zuvor sollten wir jedoch noch einen etwas anderen Ansatz ansprechen. Scanlon knüpft nämlich an eine Tradition in der Philosophiegeschichte an, die dem Gedanken eines Vertrages zwischen gleichberechtigten Parteien große Bedeutung für die praktische Philosophie beimisst.

Vertragstheorie
Die Idee der Vertragstheorie lautet, dass die verbindlichen moralischen Regeln für unser Zusammenleben diejenigen sein sollen, auf die wir uns frei in einem Vertrag einigen könnten.

Erste Variante der Vertragstheorie

Es lassen sich allerdings zwei verschiedene Perspektiven in der vertragstheoretischen Tradition unterscheiden. Bevor wir uns im folgenden Absatz Scanlon zuwenden, soll eine erste Variante der Vertragstheorie knapp vorgestellt werden. Diese erste Variante ist historisch früher; sie geht auf Thomas Hobbes (1588–1679) zurück und wird aktuell zum Beispiel von David Gauthier (*1932) vertreten. Diese Variante ist nicht nur von eigenem Interesse, sondern sie wird uns auch als hilfreicher Kontrast für das Verständnis der Position von Scanlon dienen können.

In der ersten Variante der Vertragstheorie geht es, kurz gesagt, darum, dass das Vertragsmodell zeigen kann, inwiefern moralische Normen sich auf aufgeklärtes Eigeninteresse zurückführen lassen. Es werden also Argumente dafür entwickelt, dass rationale, egoistisch motivierte Akteure gut beraten wären, sich vertraglich auf Regeln für ihre Interaktion zu einigen – Regeln, die denen unserer Moral entsprechen oder nahekommen. Damit wäre natürlich eine durchaus eindrucksvolle Begründung für das normative Gewicht der Moral gefunden: Wir könnten auch egoistischen Menschen nachweisen, dass es in ihrem Interesse wäre, die Moral zu befolgen.

Wie ist das zu begründen? Schon Hobbes geht (wie später Gauthier) davon aus, dass bestimmte zwischenmenschliche Konflikte so beschaffen sind, dass eine direkte und bewusste Verfolgung des Eigeninteresses absehbar dazu führt, dass diesem Eigeninteresse schlechter gedient ist, als es möglich gewesen wäre. Mit anderen Worten: In Situationen dieses Typs stehen sich Personen, wenn sie egoistisch denken und handeln, gerade selbst im Weg. Da solche Situationen im menschlichen Miteinander häufig sind, lässt sich zeigen, dass es im aufgeklärten Eigeninteresse der Akteure ist, das Eigeninteresse nicht zum direkten Ziel des Denkens und Handelns zu machen.

Um welchen Situationstyp handelt es sich? Hobbes und Gauthier diskutieren sehr verschiedene Formen von Interaktion; und Gauthier entwickelt z.B. einen vielbeachteten Vorschlag für das sogenannte *bargaining problem* in der Spieltheorie. Für unsere Zwecke ist es aber sinnvoll, sich auf das berühmte Beispiel des sogenannten Gefangenendilemmas zu konzentrieren. Der Name rührt daher, dass es oft durch eine Geschichte zweier Gangster versinnbildlicht wird, die wegen eines Verbrechens gefangen genommen werden.

Beispiel

Zwei Gefangene, so das Narrativ, befinden sich in separaten Verhörräumen und können sich nicht abstimmen. Jeder der beiden steht vor einer schweren Entscheidung: Sie können kooperieren (gemeint ist: miteinander, nicht mit der Polizei) und einander nicht verraten, oder sie können defektieren (der etablierte Begriff für unkooperatives Verhalten), also aussagen. Halten beide dicht, so hat die Polizei nicht viel gegen sie in der Hand. Sie hätten dann nur eine milde Strafe wegen eines kleinen Steuerdelikts zu befürchten. Wenn beide aussagen, dann wird ihnen beiden das Verbrechen angelastet. Sie wandern dann für lange Zeit ins Gefängnis, erhalten aber wegen ihrer Aussage einen geringfügigen Straferlass. Wenn schließlich nur einer der Gefangenen redet und der jeweils andere schweigt, wird das Verbrechen zur Gänze dem letzteren Gefangenen angelastet und der erstere kommt frei.

Damit ergibt sich:

		Gefangener B	
		kooperiert	**defektiert**
Gefangener A	**kooperiert**	**A:** gut **B:** gut	**A:** sehr schlecht **B:** sehr gut
	defektiert	**A:** sehr gut **B:** sehr schlecht	**A:** schlecht **B:** schlecht

Betrachten Sie diese Situation aus der Perspektive des Gefangenen A. Sie fragen sich, was ihr Kompagnon, Gefangener B, tun wird und versuchen, auf sein erwartetes Tun klug zu reagieren. Nehmen Sie zuerst an, er verhalte sich Ihnen gegenüber kooperativ, sage also nicht aus. Sie haben dann die linke Spalte zu prüfen. Sie stellen fest: Unter dieser Annahme ist es besser für Sie, nicht kooperativ zu sein. Wenn nämlich B die Aussage verweigert, Sie ihn aber anschwärzen, so ist das Resultat für Sie sehr gut (Freiheit). Verweigern Sie die Aussage auch, ist es bloß gut (kleine Strafe wegen eines Steuerdelikts). Was ist, wenn ihr Kompagnon aussagt? Dann, so zeigt die rechte Spalte, ist es ebenfalls besser für Sie, auszusagen. Sie werden für lange Zeit ins Gefängnis müssen, aber wenn Sie ebenfalls aussagen, gibt es zumindest einen kleinen Nachlass (schlecht statt sehr schlecht).

Aus Sicht des Gefangenen B ergeben sich die gleichen Überlegungen. Sie erwägen Hypothesen darüber, was A tut, und prüfen also ihre beste Option in jeder Spalte. Und wiederum werden Sie finden: Egal, was Ihr Kompagnon tut – Sie stehen immer besser da, wenn Sie aussagen.

Dominante Strategie

Man drückt dies oft wie folgt aus: Die Option, zu defektieren, ist für beide Spiele eine dominante Strategie – d.h. eine Strategie, mit der sie in jedem Falle besser dastehen als mit jeder anderen Option. Aus diesem Grunde scheint die vernünftige Wahl auch klar zu sein: defektieren.

Allerdings stehen wir nun vor einem Problem: Da beide Gefangenen diese Überlegungen anstellen werden (sofern sie rationale Egoisten sind), werden sie beide defektieren. Aber dann stehen sie beider schlecht da. Tatsächlich gilt: Sie führen einen Ausgang herbei (der in der rechten unteren Spalte dargestellt ist), zu dem es eine Alternative gegeben hätte, die für beide viel besser gewesen wäre (siehe die linke obere Spalte). Beide haben sich durch rationales egoistisches Kalkül in eine Situation gebracht, in der beide viel schlechter dastehen, als sie hätten dastehen können!

Viele Leser mögen nun den Eindruck haben, dass das Problem leicht zu beheben ist. Wenn beide Gefangenen klug sind, durchschauen sie die Situation. Und dann beschließen sie, dichtzuhalten – oder? Nein. Denn jeder kann wie folgt überlegen: „Wir sollten klug sein und beide dichthalten. Das weiß mein Kompagnon auch. Aber Moment: Wenn er es in der Tat weiß, dann hält er dicht. Und dann könnte ich freikommen, wenn ich aussage!" Bei aller guten Einsicht bleibt es dabei, dass der Gefangene auf jeden Fall profitiert, wenn er aussagt. Und selbst wenn er sich selbst diese Überlegung verbietet – kann er denn sicher sein, dass der Gegenspieler nicht so denkt?

Öffentliche Güter

Viele Autoren in den Sozialwissenschaften und der Philosophie glauben, dass mit diesem Szenario ein durchaus verbreiteter Problemtypus erfasst ist. Formen, in denen dieses Problem zumeist auftritt, haben dabei natürlich nicht mit Gangstern und Geständnissen zu tun, sondern mit öffentlichen Gütern (Zwar ist es gut, wenn wir gemeinsam die Straßen unserer Nachbarschaft sauber halten – aber noch vorteilhafter für jeden Einzelnen ist es, wenn er nicht mitmacht!), sog. externen Effekten (Zwar ist es gut für uns, wenn keiner von uns seine Abwässer in den Fluss leitet – aber noch vorteilhafter für jeden Einzelnen wäre es, wenn er selbst es tut!), mit Versprechen (Zwar ist es gut, wenn wir uns als Gemeinschaft an Vereinbarungen halten – aber noch vorteilhafter für jeden einzelnen wäre es, wenn er es nicht tut!) oder mit Gewaltverzicht (Zwar wäre es für uns besser, wenn niemand den anderen angreift oder beraubt – aber noch vorteilhafter für jeden von uns wäre es, wenn er selbst es doch tut!). Solche Kooperationsdilemmata zu lösen ist daher wichtig.

externe Effekte

Versprechen

Gewaltverzicht

Kooperationsdilemmata

Autoren wie Hobbes und seine Nachfolger glauben, dass moralische Regeln die Antwort auf dieses Problem sind. Wenn es uns als egoistisch denkenden Akteuren nicht gelingen kann, in vorteilhafter Weise zu kooperieren – dann ist es vorteilhaft, nicht egoistisch zu denken. Kurz: Unserem Eigeninteresse ist dadurch gedient, dass wir nicht nach unserem Eigeninteresse fragen.

Hobbes glaubt, dass die Lösung politischer Natur sein muss. Um den Dilemmata zu entkommen, benötigen wir einen institutionellen Rahmen, der kooperatives Verhalten letztlich durch Zwang sicherstellt. Es ist daher fraglich, inwiefern die Ideen von Hobbes überhaupt auf eine Moraltheorie hinauslaufen. Gauthier aber versucht durchaus, mit den obigen Beobachtungen die Moral zu begründen. Seiner Ansicht nach sprechen die Kooperationsdilemmata dafür, dass wir selbst zu moralischen Akteuren werden – speziell, indem wir kooperative Dispositionen ausbilden.

Kritik

Gauthiers Argumentation ist Gegenstand von Kritik geworden. Insbesondere bleibt der Eindruck, dass sich genuin moralische Forderungen auf dem beschriebenen Wege nicht begründen lassen. Falls Gauthier Recht hat, können wir einem unmoralischen Akteur letztlich nur vorwerfen, dass er unklug gehandelt hat. So attraktiv der Gedanke auch sein mag, Moral auf rationales Eigeninteresse zurückzuführen – ihr spezifischer Charakter scheint damit verfehlt zu werden.

4.5 Scanlons Kontraktualismus

Regeln des gemeinsamen Handelns

Auch Scanlons Ansatz ist eine Variation des unter Abschnitt 4.1 vorgestellten Grundgedankens. Auch sein Vorschlag beruht also darauf, die Perspektive des Entscheidenden in einer unparteiischen Weise auszuweiten. Freilich wird diese Ausweitung hier in einer anderen Weise durchgeführt. Statt, wie Kant, zu fragen, ob jedes Individuum eine Entscheidung wie die unsrige aus unseren Gründen ebenfalls fällen könnte, sollen wir fragen, ob wir diese Entscheidung auch dann fällen würden, wenn wir jedes Individuum in einem bestimmten Sinne einbeziehen könnten.

Auch hier steht also die Frage im Zentrum, auf welche Regeln des gemeinsamen Handelns wir uns gemeinsam einigen könnten. Aber hier steht die Frage unter einem anderen Vorzeichen. Der Gedanke einer vertraglichen Einigung dient hier nicht nur als ein Schritt in der Herleitung moralischer Regeln. Schon gar nicht soll er dazu dienen, moralische Normen auf Normen anderer Art zurückzuführen. Sondern er fungiert selbst als ein moralisches Prinzip. Mit anderen nach Regeln zu leben, auf die man sich mit ihnen einigen könnte, ist selbst etwas intrinsisch Wertvolles.

Schon Kants Idee von einem Reich der Zwecke enthält diesen Gedanken. In der aktuellen Philosophie hat John Rawls betont, dass ein Vertrag Ausdruck einer moralisch signifikanten, weil unparteiischen Perspektive ist. Auch betont Rawls eine Verbindung zum Selbstwertgefühl von Individuen. Wenn sich die Regeln des Zusammenlebens als mögliche Resultate eines gemeinsamen Vertrags verstehen lassen, so erkennt jedes Individuum, dass seine Belange als gleichwertig gelten.

Als Grundsatz der normativen Ethik formuliert T. M. Scanlon diesen Gedanken, wie folgt:

Kontraktualismus
Eine Handlung ist genau dann moralisch zulässig, wenn sie von Prinzipien für das gemeinsame Zusammenleben erlaubt wird, die niemand begründeterweise zurückweisen kann, der zur gemeinsamen Findung solcher Prinzipien motiviert ist.

Einwände anderer Akteure

Dieses Prinzip verlangt, durchaus ähnlich wie der kategorische Imperativ Kants, dass wir die Grundsätze (sozusagen die Maximen) prüfen, nach denen wir entscheiden. Wir prüfen dann aber nicht, ob es möglich ist, dass jeder Akteur ebenfalls nach diesen Grundsätzen entscheidet. Sondern wir prüfen, ob sie in einer freien Übereinkunft mit anderen Akteuren gerechtfertigt werden können. Wir bleiben also ganz bei der einen Entscheidung, die wir zu fällen haben, machen es uns aber zur Bedingung, dass wir die Einwände, die andere Akteure gegen unsere Grundsätze geltend machen würden, so in Betracht ziehen und ernst nehmen, als müssten wir zu einer Übereinkunft gelangen.

Um Scanlons Grundsatz zu verstehen, sind freilich einige weitere Erläuterungen nötig. Wann genau ist ein Prinzip z.B. vernünftigerweise zurückweisbar? Gemeint ist damit nicht, dass es für ein Individuum rational im Sinne seines Eigeninteresses ist, ein Prinzip zurückzuweisen. Scanlon bezieht sich gerade auf solche Personen, die ebenfalls daran interessiert sind, sich gemeinsam auf Prinzipien zu einigen, und die also ebenfalls bereit sind, die Interessen aller Betroffenen zu berücksichtigen. Im Rahmen einer solchen reziproken Perspektive werden Prinzipien beurteilt.

Vielzahl von Gründen für oder gegen bestimmte Grundsätze

Generell geht Scanlon dabei davon aus, dass jeder von uns eine Vielzahl von Gründen hat, die für oder wider die Akzeptanz bestimmter Grundsätze sprechen. Hinsichtlich des Inhalts der einschlägigen Gründe ist Scanlon Pluralist: Sie können mit unserer Wohlfahrt zu tun haben, mit unserer Freiheit, mit Fairness und Gleichheit, aber auch mit dem Interesse an verlässlichen Erwartungen bezüglich der Pläne und Absichten anderer. Diese Gründe haben ein Gewicht, das wir oft kompetent einschätzen. Aber Scanlon ist skeptisch hinsichtlich der Vorstellung, dass sich in einer informativen und generellen Weise sagen lässt, welche Art von Gründen welches Gewicht hat. Zuletzt müssen wir uns in solchen Fragen auf unser praktisches Urteilsvermögen verlassen.

Jedenfalls gilt: Ein Prinzip kann genau dann vernünftigerweise von einem Individuum zurückgewiesen werden, wenn die Gründe dieses Individuums, das Prinzip nicht zu akzeptieren, schwerer wiegen als die Gründe, die ein beliebiges Individuum hat, das Prinzip zu befürworten.

Moralisches Überlegen

Im moralischen Überlegen versetzen wir uns also reihum in die Position eines oder einer jeden, der oder die ein Interesse an unserer Entscheidung haben könnte, und prüfen, welche Gründe aus seiner oder ihrer Sicht für und wider Prinzipien sprechen, die eine bestimmte Handlung erlauben würden. Wenn wir für eine Menge an Prinzipien feststellen, dass es ein Individuum gibt, dessen Gründe für Zurückweisung dieser Prinzipien schwerer wiegen als irgendjemandes Gründe für die Akzeptanz derselben, so sind diese Prinzipien ungeeignet. Ergibt sich dies für jede Menge an Prinzipien, die eine bestimmte Handlung erlauben würden, so ist diese Handlung moralisch falsch.

Mehrere Ebenen

Diese Form des moralischen Überlegens hat mehrere Ebenen. Auf einer ersten Ebene ist sie mit einer Vielzahl von Gründen befasst, die gar nicht spezifisch moralischer Natur sind. Es sind einfach die Gründe, die Individuen in Erwägung ziehen, wenn sie überlegen, ob bestimmte Prinzipien aus ihrer persönlichen Sicht akzeptabel wären. Auf dieser ersten Ebene finden wir dann vielleicht Gründe, die ein bestimmtes Individuum hätte, unsere vorgeschlagenen Prinzipien zurückzuweisen. Diese Gründe können mit der Wohlfahrt dieses Individuums zu tun haben, oder mit seinem Interesse, verlässliche Erwartungen an andere aufbauen zu können. Aber: Diese basalen Gründe sind Scanlon zufolge nicht der moralische Grund, der gegen das Handeln aus diesen Prinzipien spricht. Sondern dieser moralische Grund ist sozusagen ein Grund höherer Ordnung – er besteht in Tatsachen darüber, dass bestimmte Individuen bestimmte Gründe (erster Ordnung) haben. Unser moralischer Grund, nicht nach bestimmten Prinzipien zu handeln, besteht nämlich darin, *dass es jemanden gibt, der hinreichend gewichtige Gründe hat, um besagte Prinzipien zurückzuweisen.*

Zum Beispiel:

Beispiel

Angenommen, wir überlegen, eine bestimmte Handlung zu vollziehen. Wir bemerken aber, dass diese Handlung einem bestimmten Individuum, Aleida, beträchtliches Leid zufügen würde. Und wir finden keine Prinzipien, die unsere Handlung erlauben würden, die Aleida nicht wegen dieses resultierenden Leids zurückweisen könnte. Nun wäre es einerseits möglich, dass das Leid Aleidas direkt unser Grund wäre, auf die Handlung zu verzichten. In diesem Falle würden wir mit Aleida sympathisieren – es täte uns leid oder wäre uns unangenehm, ihr Leid zu verursachen. Scanlon argumentiert aber, dass dies nicht dasselbe ist wie die Einsicht, dass die Handlung wegen des Leids von Aleida **moralisch falsch** wäre. Dieser weitere Grund, so Scanlon, ist von anderer Natur. Er besteht darin, dass unsere Handlung wegen des Leids von Aleida keine Handlung ist, auf die wir uns in einer Weise einigen könnten, die es Aleida und allen anderen gleichermaßen erlaubt, ihre Belange entsprechend ihrem Gewicht geltend zu machen. Würden wir diese Handlung vollziehen, würden wir nicht nur Aleidas Leid zulassen. Wir würden ihre (durchaus berechtigte) Perspektive auf unsere Entscheidung für irrelevant erklären und so Aleida missachten.

Scanlons Grundsatz ergibt damit ein interessantes und erhellendes Verständnis davon, was spezifisch moralisches Überlegen ausmacht. Und es erklärt außerdem, wie sich die Gründe, die eine Handlung falsch machen (also etwa das Leid, das Aleida daraus erwachsen würde) zur Eigenschaft der moralischen Falschheit selbst verhalten. Die ersteren Gründe sorgen dafür, dass unsere Prinzipien bestimmten Individuen gegenüber nicht zu rechtfertigen sind. Aber erst dieser letztere Umstand konstituiert die moralische Falschheit selbst und ist ein Grund eigenen Gewichts.

Moralische Falschheit als einheitliche Eigenschaft

Damit erlaubt Scanlons Ansatz es uns auch, zu berücksichtigen, inwiefern moralische Falschheit zwar einerseits eine einheitliche Eigenschaft mit einer bestimmten Natur ist, inwiefern sie aber andererseits auf ganz unterschiedlichen Faktoren basieren kann.

Vielfalt von Gründen erster Ordnung

Es gibt eine Vielfalt von Gründen erster Ordnung, die bedingen können, dass Prinzipien vernünftigerweise zurückweisbar sind. Sie können, wie gesagt, mit Wohlergehen oder Freiheit oder Fairness etc. zu tun haben. Dieser Pluralismus auf der ersten Ebene bietet einen Vorzug sowohl gegenüber dem Konsequentialismus als auch gegenüber Kant. Konsequentialisten sehen sich genötigt, Unmoral in jedem einzelnen Falle auf eine Einbuße an Wohlergehen zurückzuführen. Und Kantianer sind genötigt, jegliche Unmoral auf notwendige Ungleichheiten in Entscheidungsspielräumen zu reduzieren – was, wie ich angedeutet habe, nicht immer gleichermaßen überzeugend ist. In Scanlons Modell gibt es für solche Reduktionen keinen Anlass. Und dennoch lässt sich zeigen, dass alle diese Erwägungen auf höherer Ebene die einheitliche Eigenschaft der moralischen Falschheit ergeben.

Ein weiterer Vorzug der Theorie Scanlons besteht darin, dass sie die Gerichtetheit unserer moralischen Pflichten (siehe oben, Kap. 2) besonders leicht erklären kann. Wie gesagt: Wenn wir im obigen Beispiel handeln, obwohl Aleida gegen jegliche Begründung unseres Tuns berechtigte Einsprüche hat, so gibt es einen klaren Sinn, in dem wir sie missachten. Wir behandeln sie nicht als ein Wesen, das einen Anspruch auf Rechtfertigung an unsere Handlungen hat. Daher handeln wir nicht einfach nur falsch, sondern wir handeln *ihr gegenüber* falsch; wir tun nicht einfach nur Unrecht, sondern wir tun *ihr* ein Unrecht an. Es ist unklar, ob die anderen Ansätze, die wir besprochen haben, dasselbe leisten können. Wenn wir im Sinne des Konsequentialisten falsch handeln, so deshalb, weil eine andere Handlung insgesamt mehr

Wohlfahrt erzeugt hätte. Ob wir aber deshalb speziell den Individuen, deren Wohlfahrt wir hätten vermehren können, Unrecht tun, ist unklar. Für Konsequentialisten ist Wohlfahrt eine verrechenbare Größe, und an welcher Stelle genau wir diese Wohlfahrt ineffizient befördern, scheint wenig Unterschied zu machen. Ganz Ähnliches gilt bei Kant: Wenn wir nach einer Maxime handeln, die nicht alle Vernunftwesen ebenso zur Maxime haben könnten, so folgt nicht, dass wir bestimmten Wesen besonderes Unrecht tun.

Ein bloßes Schema?

Man kann aber fragen, ob Scanlons Grundsatz inhaltsleer ist. Immerhin bietet er, wie gesagt, keine Information darüber, wann Gründe gewichtig genug sind, ein Prinzip zurückzuweisen. Es mag zwar stimmen, dass wir oft im Stande sind, dies zuverlässig zu beurteilen. Aber heißt das nicht, dass alles moralisch Relevante unserem Urteilsvermögen übertragen wird und der Grundsatz ein bloßes Schema ist? Dieser Vorwurf ist verbreitet (vgl. Southwood 2010). Aber er beruht auf einem Irrtum. Scanlons Grundsatz verlässt sich auf unser Urteilsvermögen, wenn es um Gründe erster Ordnung geht, die nicht spezifisch moralisch sind. Hier setzt er voraus, dass wir vernunftbegabt und kompetent im Umgang mit Handlungsgründen sind. Sein Grundsatz betrifft dann in seinem Kern etwas anderes: Er identifiziert und erklärt die weitere, spezifisch moralische Eigenschaft des Falschseins von Handlungen. Und dies tut er, wie gesagt, in klarer und durchaus erhellender Weise.

Unklarheit über die Gründe für Zurückweisung

Aber ist denn die Unklarheit bezüglich der Gründe für eine Zurückweisung nicht dennoch eine Schwäche? Werden wir nicht oft im Unklaren darüber gelassen, ob eine Handlung falsch ist? Ja – aber das ist hier ebenso wenig ein Einwand wie im analogen Falle des Konsequentialismus (siehe Kap. 3). Angenommen, wir möchten aus bestimmten Gründen handeln, sind uns aber unsicher, ob Gegengründe, die ein bestimmtes Individuum vorbringen könnte, schwerer wiegen. Dann wird es doch plausiblerweise in der Tat so sein, dass wir uns unsicher sind, ob unser Vorhaben zulässig ist. Dass dergleichen Unsicherheit oft besteht, dürfte unstrittig sein. Und Scanlons Grundsatz bietet den Vorzug, Umfang und Quellen solcher Unsicherheit zu benennen.

Grundlage für moralische Motivation

Scanlon begründet dieses Prinzip nicht primär dadurch, dass es von anderen Prinzipien in seinen moralischen Implikationen (in vorteilhafter Weise) abweicht. Sondern vor allem behauptet er, dass dieser Grundsatz eine überzeugendere Grundlage für moralische Motivation ist. Zu den wichtigen Aufgaben der normativen Ethik, so Scanlon, gehört es, verständlich zu machen, was eigentlich wichtig oder bedeutsam an moralischen Forderungen ist. Wem oder was sollen wir uns eigentlich plausiblerweise verpflichtet fühlen, wenn wir uns moralisch verpflichtet fühlen? Konsequentialisten antworten zumeist, dass wir uns dem Gemeinwohl verpflichtet fühlen, aber Scanlon bezweifelt, dass diese abstrakte Größe eine plausible Quelle moralischer Motivation ist.

Wechselseitige Anerkennung

Stattdessen glaubt Scanlon wie Kant (siehe oben), dass wir uns durch die Moral in ein bestimmtes Verhältnis zu anderen setzen, und dass dieses Verhältnis Wichtigkeit für uns hat. Moralischen Denken, so Scanlon, drückt eine wechselseitige Form der Anerkennung aus. Wir behandeln einander als Wesen, die wichtige Ansprüche an einander haben – Ansprüche darauf, dass Grundsätze für Handlungen auch im Lichte ihrer Perspektive gerechtfertigt werden können.

4.6 Kontraktualismus und Aggregation

Vorzug des Kontraktualismus

Ein Vorzug des Kontraktualismus gegenüber der normativen Ethik von Kant besteht darin, dass er die eigenständige moralische Bedeutung individuellen Wohlergehens erfasst. Zwar *besteht* die moralische Falschheit einer Handlung Scanlon zufolge niemals darin, dass sie jemandes Wohlergehen beeinträchtigt. Aber anders als bei Kant kann die moralische Falschheit einer Handlung sehr wohl durch solche Konsequenzen für individuelle Wohlfahrt direkt *erklärt* werden.

Dennoch berücksichtigt der Kontraktualismus Wohlergehen in einer Weise, die sich klar vom Konsequentialismus unterscheidet. Das liegt zum einen an der erwähnten pluralistischen Auffassung darüber, welche Erwägungen moralische Falschheit erklären können. Zum anderen liegt es daran, dass Wohlergehen in einer dezidiert nicht-aggregativen Weise berücksichtigt wird.

Wie wir in Kapitel 3 gesehen haben, leitet der Konsequentialismus (in der typischen Form des Prinzips UMKA) uns dazu an, so zu entscheiden, als würde das Leid einer größeren Anzahl von Personen eine größere Menge an Leid ergeben. Wieso diese umständliche Formulierung? Weil wir gesehen haben, dass der Konsequentialismus streng genommen nicht auf der These beruht, dass Leid und Freude verschiedener Personen wirklich ein Gesamtleid oder eine Gesamtfreude ergeben. Streng genommen leitet der Konsequentialismus uns nur dazu an, Vorteile und

Nachteile verschiedener Personen in einer Weise gegeneinander abzuwägen, die als Addition darstellbar ist.

nur individuelle Vor- und Nachteile

Nichts dergleichen ergibt sich aber im Rahmen des Kontraktualismus. Wie Scanlon betont, beruht moralisches Überlegen dem Kontraktualismus zufolge darauf, dass reihum die Perspektive verschiedener Individuen eingenommen wird und ihre Einwände (die z.B. die Wohlfahrt des Individuums betreffen können) in Betracht gezogen werden. In einem solchen Verfahren kommen aber naturgemäß nur Individuen und individuelle Vor- und Nachteile zur Sprache. Keines der Individuen kann, darauf beharrt Scanlon, einen angeblichen Gesamtverlust einer Gruppe anführen.

Damit führt dieses Verfahren auf moralische Urteile, die vom Konsequentialismus klar abweichen. Das zeigt Scanlon an einem viel diskutierten Beispiel, dem des Übertragungsraums:

Beispiel

Der Übertragungsraum (vgl. Scanlon 1998, 235)
Jones erleidet im Übertragungsraum eines Fernsehsenders einen Unfall. Elektronisches Gerät ist auf ihn gestürzt und fügt ihm andauernd extrem schmerzhafte Stromstöße zu. Um ihn zu retten, müssten wir die Fernsehübertragung für eine Viertelstunde unterbrechen. Allerdings wird gerade jetzt das Endspiel der Fußballweltmeisterschaft übertragen. Dieses Spiel wird noch eine Stunde dauern, und eine immense Zahl an Zuschauern ist auf die Übertragung dieses Senders angewiesen. Sollen wir Jones retten und ihm eine Stunde extremer Schmerzen ersparen? Dann würden wir einer großen Zahl an Zuschauern eine erhebliche Frustration bereiten. Oder sollten wir stattdessen Jones eine Stunde höllisch leiden lassen, weil es nur der Schmerz eines Einzelnen ist?

„Kollektive" Frustration

Für Konsequentialisten (außer denen, die die Leximin-Variante vertreten – s.o., Kap. 3) gilt: Wenn die Anzahl der Zuschauer groß genug ist, dann wird ihre Frustration über die verpasste Viertelstunde in der Summe mehr wiegen als der Schmerz von Jones. Das Beispiel lässt sich also leicht so ausbuchstabieren, dass es nicht nur zulässig, sondern sogar geboten ist, Jones die volle Stunde leiden zu lassen. Scanlons Kontraktualismus hingegen ergibt ein anderes Bild: Wir berücksichtigen Jones und die Zuschauer einen nach dem anderen. Die „kollektive" Frustration der Menge der Zuschauer ist dabei keine Größe, die Erwähnung finden könnte. Wir berücksichtigen nur individuelle Einwände. Und den gewichtigsten Einwand hat Jones. Kein einzelner Zuschauer kann (glaubhaft) sagen, eine Viertelstunde zu verpassen schmerze ihn mehr.

Scanlons Theorie ergibt damit nicht nur, dass wir Jones retten sollten. Sondern sie ergibt speziell, dass wir Jones ganz unabhängig davon retten sollten, wie groß die Zahl der Zuschauer ist. Dieses Verdikt erscheint vielen Lesern (mich selbst eingeschlossen) ganz entschieden als plausibel.

Zählt die Zahl der Betroffenen niemals?

Bedeutet das aber, dass Scanlons Theorie John Taurek (siehe oben, Kap. 3) darin zustimmen muss, dass die Anzahl der Betroffenen niemals zählt? Betrachten wir erneut einen Fall, in dem wir entweder eine Person oder fünf andere Personen vor dem Tod retten können. Folgt aus Scanlons Kontraktualismus nicht, dass es zulässig wäre, nur die eine Person zu retten? Immerhin gibt es seitens der fünf niemanden, der einen größeren individuellen Einwand hat, oder?

Berechtigter Einspruch

Diese Konklusion akzeptiert Scanlon nicht. Er argumentiert wie folgt: Wenn wir uns nur zwischen zwei einzelnen Personen entscheiden müssten, so wäre es in der Tat richtig, wenn wir beide Alternativen für zulässig hielten. Aber genau deswegen können die fünf Personen im ursprünglichen Beispiel sich beschweren. Sie können Einspruch dagegen erheben, dass der Fall so behandelt wird, als gehe es auf ihrer Seite nur um eine Person. Vier von ihnen werden also so behandelt, als wären sie gar nicht da, als würden sie gar nicht ins Gewicht fallen. Daher gibt es in der Tat einen berechtigten Einspruch, den die Individuen in der größeren Gruppe vorbringen können: Zwar hat niemandes individuelles Leben größeres Gewicht. Aber für jeden von ihnen sollte die Möglichkeit, ihn oder sie zu retten, positiv ins Gewicht fallen. Und das geschieht nur, wenn die Anzahl als ein *tie-breaker* fungiert – also als das Zünglein an der sprichwörtlichen Waage.

Kritik

Freilich finden viele Autoren diesen Vorschlag unplausibel (vgl. z.B. Otsuka 2000). Ihnen scheint, dass Scanlon die Ansprüche der Individuen hier selektiv eben doch aggregativ behandelt. Und diese Kritik erscheint mir als einleuchtend. Individuen werden in Scanlons Modell eben berücksichtigt, *indem* ihre Einwände reihum einbezogen werden. Und genau das geschieht. (Nur sind die Einwände, die aus dem Verlust ihres Lebens resultieren, eben nicht so beschaffen, dass sie in Abwägung gegen das Leben der anderen Partei größeres Gewicht haben.) Wieso sollten sich die Individuen dann aber berechtigt beschweren können, sie würden nicht angemessen berücksichtigt?

Entweder benötigt der Kontraktualismus also eine andere Begründung dafür, warum es geboten ist, die fünf statt der einen Person zu retten. Oder Kontraktualisten akzeptieren die Konklusion von Taurek – diejenige also, dass die Anzahl der Betroffenen als solche nicht zählt. Aber während man dieser letzteren Ansicht im begrenzten Rahmen vielleicht noch folgen mag, verliert sich die Bereitschaft dazu bei den meisten Lesern doch, wenn der Anzahlunterschied noch größer ausfällt. (Was, wenn es nicht um 5 Personen, sondern um 50 geht – oder 500, oder 50000?)

Weiterführende Literatur:

Die klassischen Darstellungen der Moralphilosophie Kants finden sich in *Grundlegung zur Metaphysik der Sitten* (1784), *Kritik der praktischen Vernunft* (1788) und *Metaphysik der Sitten* (1795). Die maßgebliche Ausgabe ist Kant (1900 ff). (Zitate im obigen Text stammen aus dieser Ausgabe; sie sind mit römischen Ziffern für den Band und arabischen Ziffern für die Seitenzahl ausgewiesen.)

Das klassische Werk von Hobbes ist der *Leviathan* (1651/1996). Zu Gauthiers Theorie vgl. Gauthier (1986). Eine Sammlung neuer Texte zum Gefangenendilemma ist Peterson (Hrsg.) (2015).

Die *Theory of Justice* von Rawls (Rawls 1971) ist der moderne Klassiker der politischen Philosophie.

Scanlons Darstellungen des Kontraktualismus sind Scanlon (1982) und Scanlon (1998).

5. Eine kleine Trolley-Kunde

Konsequentialismus und deontologische Ethik haben nicht nur theoretische Vorzüge und Probleme. Tatsächlich hat es den Anschein, dass beide Perspektiven tief in unserem Denken verankert sind. Wir fühlen uns von beiden Perspektiven intuitiv angezogen, und es gibt eine Reihe von Beispielen, in denen diese eher unbewussten Orientierungen in einen offenen Konflikt treten.

Philippa Foot und Judith Jarvis Thomson

Besondere Faszination üben die sogenannten Trolley-Fälle aus, die die Philosophinnen Philippa Foot (1920–2010) und Judith Jarvis Thomson (*1929) bekannt gemacht haben. Diese Fälle stellen uns vor die Wahl, verschiedene Parteien zu schädigen oder vor Schaden zu bewahren. Dabei führen diese Fälle, von denen mittlerweile Dutzende kursieren, auf konfligierende Urteile. Tatsächlich wecken die Urteilskonflikte, die diese Beispiele erzeugen, Interesse auch jenseits der normativen Ethik.

Zweierlei kognitive Mechanismen

Sie sind Gegenstand psychologischer und neurowissenschaftlicher Studien geworden, die zweierlei kognitive Mechanismen hinter unseren Urteilen am Werk sehen (s.u.). Und schließlich sind sie in Deutschland Gegenstand von Theaterstücken und Fernsehfilmen geworden.

Fall des Luftsicherheitsgesetzes

Weil sie die Vorzüge und Schwierigkeiten verschiedener ethischer Theorien dramatisch anschaulich machen, und weil sie Eingang in die Populärkultur gefunden haben, sollen die Trolley Fälle hier besprochen werden. Darüber hinaus sind diese Fälle, trotz ihrer konstruierten Natur, nicht weit von vielen aktuellen, drängenden moralischen Problemen entfernt. Erwähnt sei etwa der Fall des Luftsicherheitsgesetzes. Dieses Gesetz erlaubt es, ein zu terroristischen Zwecken entführtes Flugzeug abzuschießen, auch wenn unschuldige Passagiere dabei sterben würden, sofern damit eine größere Anzahl von Opfern verhindert würde. Dieses Gesetz folgt erkennbar dem Ziel, einen aggregativ aufgefassten Schaden zu minimieren. Und genau deshalb spricht intuitiv einiges für seine moralische Richtigkeit. Gleichwohl kann man auch den entgegengesetzten Eindruck haben. Und in der Tat hat das Bundesverfassungsgericht 2006 entschieden, dass das Gesetz gegen das Grundrecht auf Leben (Art. 3 GG) und die Menschenwürde (Art. 1 GG) verstoße. Auch diese Entscheidung hat einige unserer moralischen Intuitionen auf ihrer Seite. Dieser Konflikt ist demjenigen, der in den Trolley-Szenarien erkundet wird, zumindest in vielen Hinsichten ähnlich.

5.1 Das Ausgangsproblem

Zwei makabre Fälle

Philippa Foot beschreibt zunächst zwei makabre Fälle, die einen interessanten Kontrast ergeben:

Beispiel

> **Medikament**
> Sechs Personen sind schwer erkrankt. Sie müssen sterben, wenn sie nicht ein bestimmtes Medikament erhalten. Uns steht eine volle Dosis des Medikaments zur Verfügung. Eine der Personen würde diese volle Dosis benötigen, um zu gesunden. Die anderen fünf Personen benötigen jeweils nur ein Fünftel der Dosis.

Beispiel

> **Transplantation**
> Fünf Personen sind schwer erkrankt und drohen, an Organversagen zu sterben. Eine sechste Person ist gesund. Aber wir wissen, dass sie ein geeigneter Organspender für die fünf anderen wäre. Wir können sie töten und mit ihrem Herz, ihren Nieren und Lungen die fünf anderen Personen retten.

Sehr unterschiedliche Urteile

In beiden Fällen stehen wir vor der Wahl, dass entweder eine Person oder stattdessen fünf andere Personen sterben. Aber obwohl die Fälle sich im Hinblick auf diese möglichen Ausgänge gleichen, kommen wir zu sehr unterschiedlichen Urteilen. In *Medikament* finden wir es richtig, die größere Anzahl zu retten und die eine Person sterben zu lassen. In *Transplantation* hingegen finden wir es entschieden falsch, die eine Person zu töten, um die anderen fünf vor dem Tod zu bewahren.

Positive und negative Pflichten

Wie ist dieser Kontrast zu erklären? Foot schlägt vor, dass der Unterschied zwischen positiven und negativen Pflichten (siehe oben, Kap. 2) die Erklärung gibt. In *Medikament* müssten wir eine Person zugunsten der fünf anderen sterben lassen, in *Transplantation* hingegen müssten wir die Person zugunsten der anderen töten. Im ersten Falle verhalten wir uns passiv – wir unterlassen es, der einen Person zu helfen, und verletzen eine positive Pflicht zur Hilfeleistung. Im zweiten Falle verhalten wir uns aktiv. Wir töten die Person und verletzen die negative Pflicht, nicht zu töten. Da wir negative Pflichten gewöhnlich für ernster halten, scheint der Konflikt erklärt.

Um diese Hypothese weiter zu erhärten, formuliert Foot dann den ersten der Trolley-Fälle:

Beispiel

Trolley: Fahrer
Wir fahren einen Straßenbahnwagen (in Foots britischem Englisch: *tram*, in der nachfolgenden Debatte dann eher amerikanisch: *trolley*), der außer Kontrolle gerät und nicht zu bremsen ist. Auf dem Gleis vor uns befinden sich fünf Personen, die nicht ausweichen können. Unternehmen wir nichts, töten wir die fünf. Wir können den Wagen auf ein Nebengleis lenken. Auf dem Nebengleis befindet sich eine Person, die wir töten würden.

Foot geht davon aus, dass wir es richtig finden, den Trolley umzulenken und eine statt fünf Personen zu töten. Wieso urteilen wir hier aber anders als im Falle von *Transplantation*, wo es immerhin auch um ein Töten ging? In *Medikament* und in *Trolley: Fahrer* vergleichen wir Verhalten der gleichen Art. Wir stehen vor der Wahl, eine Person oder fünf Personen sterben zu lassen (*Medikament*) oder aber eine Person oder fünf Personen zu töten (*Trolley: Fahrer*). Und solange es auf beiden Seiten um Unterlassungen (und Verstöße gegen positive Pflichten) bzw. um Aktivitäten (und Verstöße gegen negative Pflichten) geht, ist es gefordert, die Zahl der Verstöße zu minimieren. Daher wird in diesen beiden Fällen gefordert, die eine Person statt der fünf zu opfern.

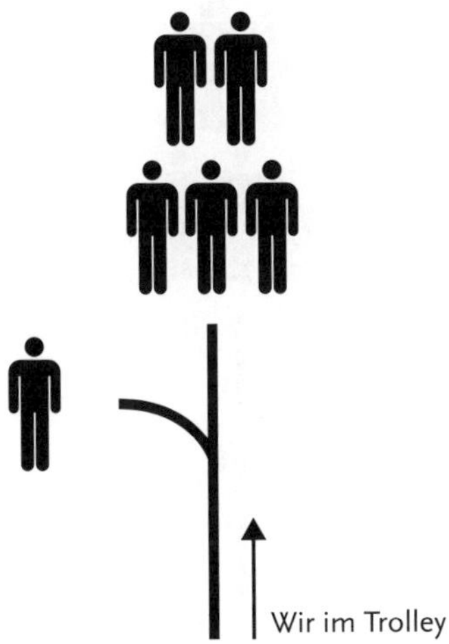

Abb. 1: Die Situation in *Trolley: Fahrer*

Besonderer Status von negativen Pflichten

Anders ist es in *Transplantation*. Nur hier vergleichen wir Verhalten unterschiedlicher Art. Wir stehen vor der Wahl, eine Person zu töten (und eine negative Pflicht zu verletzen) oder fünf Personen sterben zu lassen (und eine positive Pflicht zu verletzen). Nur in diesem Falle kann also der besondere Status von negativen Pflichten dazu führen, das unser Urteil anders als sonst ausfällt.

Judith Thomson erkennt nun, dass das Potenzial dieses Beispiels längst nicht ausgereizt ist. Zunächst argumentiert sie, dass eine simple Variation desselben Foots Vorschlag widerlegen kann:

Beispiel

Trolley: Weiche

Ein Straßenbahnwagen ist außer Kontrolle und nicht zu bremsen. Der Fahrer ist außer Gefecht gesetzt. Wir sind nicht im Trolley, sondern stehen außerhalb, neben einer Weiche. Auf dem Gleis vor dem Trolley befinden sich fünf Personen, die nicht ausweichen können. Unternehmen wir nichts, müssen die fünf sterben. Betätigen wir die Weiche, können wir den Wagen auf ein Nebengleis lenken. Auf dem Nebengleis befindet sich eine Person, die wir töten würden.

Auch in diesem Falle scheint es den meisten Lesern klar, dass wir die Weiche betätigen sollten. Aber dieses Urteil passt nicht zu Foots Erklärung des Musters, das unsere Urteile über die vorigen Fälle

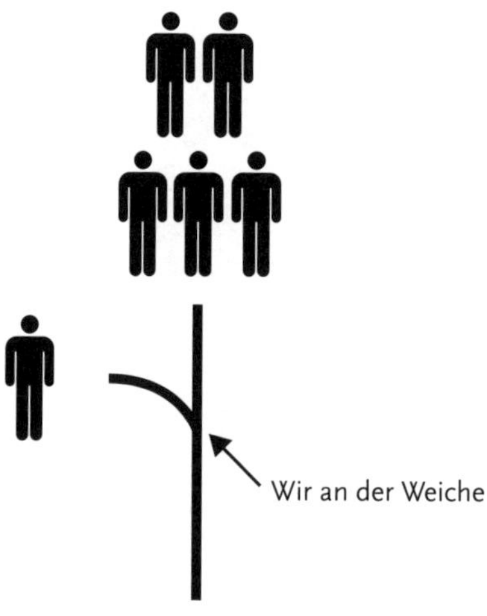

Abb. 2: Die Situation in *Trolley: Weiche*

ergeben haben. Denn in Trolley: Weiche würden wir, wenn wir die Weiche nicht betätigen, die fünf Personen sterben lassen. Betätigen wir sie aber, dann lenken wir eine Straßenbahn durch unseren aktiven Eingriff auf eine Person – wir würden sie, mit anderen Worten, töten. Hier scheint es, als sei ein Bruch einer negativen Pflicht doch einem Bruch einer positiven Pflicht vorzuziehen.

Eine erste Schwierigkeit, die sich laut Thomson stellt, besteht also darin, dass wir eine Erklärung dafür benötigen, warum unsere Urteile über *Trolley: Weiche* und über *Transplantation* sich unterscheiden. Wenn in der Debatte von „dem" Trolley-Problem die Rede ist, ist oft diese Frage gemeint – also die Frage, wie sich unser Urteil über *Trolley: Weiche* mit anderen Urteilen vereinbaren lässt, etwa dem über *Transplantation*. Dieses Problem lässt sich schärfer formulieren, wenn man statt des medizinischen Kontexts in *Transplantation* einen weiteren Trolley-Fall nimmt:

Beispiel

Trolley: Brücke
Ein Straßenbahnwagen ist außer Kontrolle und nicht zu bremsen. Der Fahrer ist außer Gefecht gesetzt. Auf dem Gleis befinden sich fünf Personen, die nicht ausweichen können. Unternehmen wir nichts, müssen die fünf sterben. Wir stehen auf einer Brücke. Neben uns steht eine sehr schwere Person. Wenn wir sie auf das Gleis werfen, würde sie sterben, aber ihr Körper wäre – anders als unser Körper – schwer genug, um den Trolley zu bremsen und die fünf zu retten.

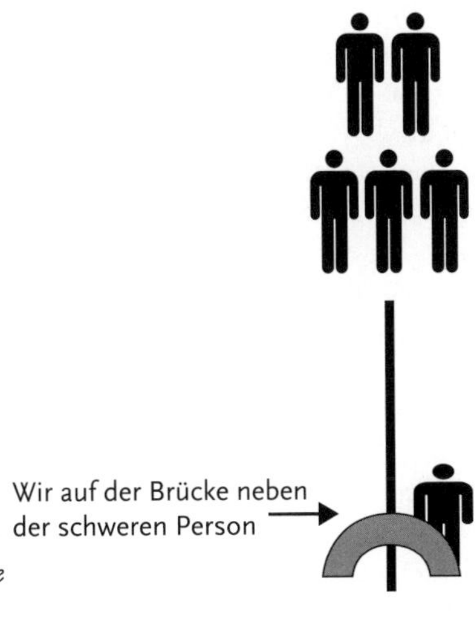

Abb. 3: Die Situation in *Trolley: Brücke*

Hier, so Thomson, würden die meisten von uns sich weigern, die schwere Person auf die Gleise zu stürzen. Doch spätestens dieses Urteil lässt sich nicht mehr durch den Unterschied von negativen und positiven Pflichten erklären – jedenfalls dann nicht, wenn man zugleich *Trolley: Weiche* erklären möchte. In beiden Fällen geht es darum, eine Person zu töten, um fünf Personen nicht sterben zu lassen. In *Trolley: Weiche* finden wir es akzeptabel, in *Trolley: Brücke* nicht.

5.2 Reaktionen

Das Paar aus *Trolley: Weiche* und *Trolley: Brücke* stellt uns vor ein Rätsel. Wenn es im ersten Fall zulässig ist, die eine Person zugunsten der fünf zu töten, wieso nicht im zweiten der Fälle?

Besondere Faszination hat dieses Problem deshalb, weil es, wie gesagt, die zwei generellen theoretischen Ansätze in der normativen Ethik gegeneinander in Stellung bringt. Unser Urteil über den Fall *Trolley: Weiche* lässt sich gut konsequentialistisch begründen. Immerhin zeigt er, dass wir in der Tat geneigt sind, dem Schaden der größeren Gruppe ein größeres Gewicht beizumessen – ein Gewicht, das es richtig erscheinen lässt, die Interessen der einen Person unterzuordnen. In *Trolley: Brücke* hingegen haben wir den entgegengesetzten Eindruck. Wir urteilen hier gerade, dass die Interessen der größeren Gruppe das Mittel, i.e. den Tod des einen, nicht rechtfertigen. Obwohl die Konsequenzen für die Wohlfahrt der Beteiligten gleich sind, scheint es uns, dass wir hier eine strikte moralische Grenze überschreiten würden. Wir denken hier also eher nicht konsequentialistisch.

Ein Rätsel

Eine Reihe von Vorschlägen zur Lösung des Problems versucht, beiden Urteilen gerecht zu werden. Schon Foots Vorschlag, negative und positive Pflichten verschieden zu gewichten, fiel in diese Kategorie. Wir haben jedoch schon gesehen, dass dieser Vorschlag *Trolley: Weiche* nicht erfassen kann. Außerdem hat dieser Vorschlag weitere Probleme. T. Scanlon gibt dieses Beispiel:

Beispiel

Medikament-Transplantation
Sechs Personen sind schwer erkrankt und müssen sterben, wenn wir nicht helfen. Eine der Personen benötigt ein bestimmtes Medikament. Uns steht eine ausreichende Dosis zur Verfügung.

Verabreichen wir das Medikament aber nicht, so stehen die Organe der Person als Spenderorgane zur Verfügung. Wir können mit ihrem Herz, ihren Nieren und Lungen die fünf anderen retten.

Scanlon geht davon aus, dass wir so urteilen wie in Transplantation. Es ist falsch, die eine Person zu opfern. Allerdings würden wir dieser Person gegenüber hier genauso verfahren wie im Falle Medikament – d.h., es geht um ein Sterbenlassen, nicht ein Töten. Anders als in Transplantation können wir hier also nicht darauf verweisen, dass es um verschiedene Arten von Eingriffen geht.

Lehre von der Doppelwirkung

Ein anderer Ansatz beruft sich auf ein Prinzip, das aus christlichen Ansätzen der deontologischen Ethik stammt. Es handelt sich um die Lehre von der Doppelwirkung, deren erste berühmte Formulierung sich bei Thomas von Aquin findet. Diese Doktrin besagt, dass es bei Handlungen, die positive und negative Konsequenzen haben, einen wichtigen moralischen Unterschied machen kann, welche dieser Konsequenzen vom Handelnden bezweckt oder beabsichtigt waren. Es kann sein, dass eine Handlung zwar zulässig wäre, wenn ihre negativen Effekte lediglich in Kauf genommen wären, dass dieselbe Handlung aber verwerflich wäre, wenn diese negativen Effekte beabsichtigt wären. Ich gebe dem Prinzip eine offiziellere Formulierung:

Lehre von der Doppelwirkung
Wenn eine Handlung positive und negative Konsequenzen hat, und wenn die negativen Konsequenzen nicht vermeidbar sind, und wenn die guten Konsequenzen im Vergleich zu den negativen Konsequenzen hinreichend gut ausfallen, dann gilt:

a) Wenn die Handlung um der positiven Konsequenzen willen vollzogen wird, die negativen Konsequenzen hingegen bloß in Kauf genommen (weder als Mittel noch als Ziel beabsichtigt) werden, so ist die Handlung zulässig, und
b) wenn die negativen Konsequenzen als Mittel oder Zweck beabsichtigt werden, ist die Handlung unzulässig.

Diese Lehre trifft genau den Unterschied zwischen *Transplantation* und *Trolley: Brücke* auf der einen Seite und *Medikament* und *Trolley: Weiche* auf der anderen Seite. Zwar wird in allen Beispielen eine Person zugunsten von fünfen geopfert. Doch in den letzteren

Fällen ist der Tod der einen Person ein vorhergesehener, aber unbeabsichtigter Nebeneffekt. Wir handeln nicht mit dem Ziel, dass die eine Person sterben soll. In den zweiten beiden Fällen hingegen ist der Tod der einen Person das Mittel, um die Fünf zu retten. Dieser Tod ist daher, der Lehre zufolge, voll beabsichtigt.

Gegenbeispiel

Doch auch dieser Ansatz ist nicht ganz überzeugend. Zum einen gibt es ein Gegenbeispiel von Judith Thomson, das zwar nicht allen Lesern zwingend erscheint, aber doch Zweifel weckt:

Beispiel

Trolley: Loop
Wir sehen einen Straßenbahnwagen, der außer Kontrolle und nicht zu bremsen ist. Der Fahrer ist außer Gefecht gesetzt. Auf dem Gleis befinden sich fünf Personen, die nicht ausweichen können. Unternehmen wir nichts, müssen die fünf sterben. Wir stehen neben einer Weiche, mit der wir den Wagen auf ein Nebengleis lenken können. Auf dem Nebengleis befindet sich eine Person, die wir töten würden. Diese eine Person würde den Wagen beim Zusammenstoß bremsen. Wenn sie sich nicht dort befinden würde, so würde der Trolley über eine Kurve zurückgelenkt auf die fünf Personen, die dann getötet würden.

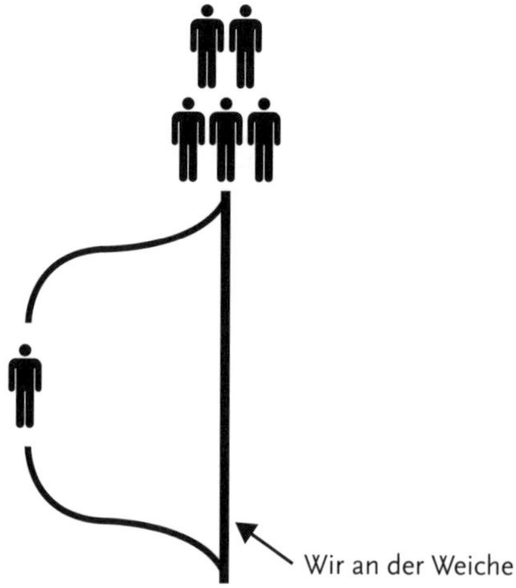

Abb. 4: Die Situation in *Trolley: Loop*

Dieser Fall gleicht natürlich *Trolley: Weiche*. Allerdings gibt es den wichtigen Unterschied, dass das Umleiten die fünf Personen nur deshalb retten würde, weil die eine Person den Weg blockiert. Der tödliche Zusammenstoß mit dieser Person wäre also nicht plausibel als bloß vorhergesehen – und nicht beabsichtigt – zu bezeichnen, denn er fungiert als unser wesentliches Instrument zur Rettung der fünf Personen.

Dennoch beharrt Thomson darauf, dass wir *Trolley: Loop* nicht anders beurteilen sollten als *Trolley: Weiche*. Immerhin kommen die zusätzlichen Gleise hinter den Personen in keinem Falle zum Einsatz. Sie bleiben unbenutzt – wie also könnte ihre Präsenz einen Unterschied machen? Falls wir dieses Verdikt plausibel finden, müssen wir die Lehre der Doppelwirkung fallen lassen.

Frances M. Kamm: dreifache Unterscheidung

Um einen vollständigen Eindruck von der Subtilität der Debatte zu erhalten, sei erwähnt, dass die Philosophin Frances M. Kamm ein noch komplexeres Prinzip vorgelegt hat. Statt des Unterschieds beabsichtigt-vorhergesehen trifft sie eine dreifache Unterscheidung. Eine Konsequenz einer Handlung kann manchmal zwar entscheidend dafür sein, dass sie vollzogen wird (so dass sie nicht bloß vorhergesehen ist), ohne dass die Handlung aber vollzogen wird, damit die Konsequenz resultiert (so dass sie nicht in einem starken Sinne beabsichtigt, also bezweckt ist).

Ein Beispiel Kamms:

Beispiel

> Ich plane, eine Party zu veranstalten. Ich tue das nur, weil ich sicher bin, dass meine Freunde mir nachher aufräumen helfen. Ich sehe also nicht nur voraus, dass sie es tun werden, sondern es gäbe keine Feier, wenn sie es nicht täten. Trotzdem ist es natürlich nicht so, dass ich die Party gebe, damit meine Freunde nachher aufräumen.

Prinzip von der „Dreifachwirkung“

Kamms Prinzip von der „Dreifachwirkung“ erhalten wir, indem wir in der Lehre von der Doppelwirkung entsprechende Ersetzungen vornehmen. Wir sagen nun, dass die negativen Konsequenzen zwar eine Bedingung der Handlung sein dürfen, nicht aber bezweckt sein dürfen, wenn die Handlung zulässig sein soll.

Kamms Prinzip erfasst damit den Fall *Trolley: Loop*. Wenn wir in diesem Falle den Trolley umleiten, so tun wir das zwar nur deswegen, *weil* dann der Zusammenstoß mit der einen Person erfolgt, aber daraus folgt (wie im Beispiel der Party) nicht, dass wir es tun, *damit* derselbe erfolgt.

Dieses Prinzip vermeidet also das Gegenbeispiel. Und es lässt sich leicht denken, dass sich der Grundgedanke noch subtiler ausgestalten ließe, wenn sich weitere Gegenbeispiele auftäten.

Zweifelhafter Erfolg

Aber das ist ein zweifelhafter Erfolg. Denn der Eindruck, der sich auf diesem Wege ergibt, ist, dass solche Prinzipien einfach auf unsere einzelnen Urteile zugeschnitten sind. Sie erfassen damit naturgemäß alle Unterschiede, die uns intuitiv als bedeutsam erscheinen. Aber was wir nicht erhalten, ist eine unabhängige Begründung dafür, warum diese Unterschiede bedeutsam sein sollen. Je subtiler die Unterscheidungen aber werden, desto nötiger wird eine gute Begründung. Warum sollten genau diese Unterschiede in den Beweggründen von Akteuren moralisch zählen?

Unabhängige Begründung

Ohne eine unabhängige Begründung stellt sich für viele Leser der Verdacht ein, dass es vielleicht gar keine Begründung gibt. Vielleicht sind wir schlecht beraten, den erstbesten intuitiven Urteilen ohne weiteres über den Weg zu trauen.

Joshua Knobe

Tatsächlich haben experimentelle Studien von Joshua Knobe (*1974) und Kollegen deutlich gemacht, dass unsere Zuschreibungen von Absichtlichkeit selbst bereits moralisch motiviert zu sein scheinen. Ob wir glauben, dass ein Akteur eine Konsequenz bloß vorhergesehen hat oder ob er sie bezweckt hat, hängt in nachweisbarer Weise davon ab, wie wir das Tun moralisch bewerten (Knobe 2003). Auch das spricht dafür, unsere relevanten Intuitionen nicht zur Grundlage für unsere Lösung des Trolley-Problems zu erklären.

5.3 Systematische und revisionäre Ansätze

Systematische Ansätze

Es lohnt sich daher, zu betrachten, wie die in diesem Buch vorgestellten systematischen Ansätze zu einer begründeten und prinzipiellen Einschätzung der Trolley-Fälle gelangen. Diese Ansätze verhalten sich zu einem Teil unserer intuitiven Reaktionen kritisch, und sind demnach revisionär.

Konsequentialisten (die das Prinzip UMKA vertreten, also etwa klassische Utilitaristen) sehen sich natürlich keinerlei Schwierigkeiten gegenüber, wenn es um die Fälle *Medikament, Trolley: Fahrer, Trolley: Weiche* und *Trolley: Loop* geht. In all diesen Fällen können Konsequentialisten unseren intuitiven Reaktionen Recht geben, die auf die Rettung der fünf zielen.

Langfristige Konsequenzen

Schwierigkeiten werfen nur die Fälle *Transplantation, Medikament-Transplantation* und *Trolley: Brücke* auf. Hinsichtlich der ersten beiden Fälle können Konsequentialisten aber konziliant sein. Sie können also durchaus Wege finden, unserem intuitiven Urteil recht zu geben. Eine naheliegende Strategie besteht etwa darin, auf langfristige und umfassende Konsequenzen zu verweisen, die sich in dem besonderen medizinischen Kontext ergeben können. Man könnte sagen: „Wenn wir dazu übergehen, unbescholtene Personen in der Nähe eines Krankenhauses zu töten, oder bestimmte Patienten nicht mehr mit Medikamenten zu versorgen, weil anderen Menschen damit geholfen wird, hätte dies durchaus gravierende Konsequenzen. Niemand würde sich noch in ein Krankenhaus begeben, wenn er Medikamente benötigt, oder sich als Gesunder in die Nähe eines solchen wagen, wenn man jederzeit damit rechnen muss, für andere geopfert zu werden."

Irrtumstheorie

Aber wie geht man als Konsequentialist mit *Trolley: Brücke* um? Hier geht es ja immerhin nicht um eine bestimmte Institution, die auf das Vertrauen von Menschen angewiesen ist. Viele Konsequentialisten schließen in der Tat, dass unser Urteil über diesen Fall nicht zu begründen ist. Stattdessen entwickeln sie eine Irrtumstheorie – also eine Erklärung, die zeigt, wieso es uns irrtümlich so vorkommen muss, als wäre es falsch, die schwere Person von der Brücke zu stürzen.

Joshua Greene: zwei Systeme

Ein einflussreicher neuerer Versuch dieser Art stammt von Joshua Greene. Greene geht zunächst von einer Behauptung aus, die in der aktuellen Sozialpsychologie viele Anhänger hat (vgl. Kahneman 2012). Sie lautet, dass sich in unserem Denken zwei Gruppen von Mechanismen, oder zwei „Systeme", unterscheiden lassen. Zum ersten System zählen Formen des Überlegens und Entscheidens, die spontan, schnell, unbewusst und intuitiv agieren. Diese Mechanismen sind, so wird zumeist angenommen, evolutionär alt, und sie haben unseren Vorfahren dazu gedient, Gefahren und günstige Gelegenheiten ohne langes Überlegen zu identifizieren und zu meistern. Zum zweiten System zählen hingegen bewusste, langsamere, schlussfolgernde Formen des Denkens. Sie sind zu aufwändig, um uns schnelles Navigieren durch die Welt zu erlauben. Aber sie ermöglichen es uns, die Konklusionen des ersten Systems bei Bedarf kritisch zu hinterfragen und zu korrigieren.

Greenes Vorschlag (vgl. Greene 2014) lautet, dass auch im moralischen Denken zwei solche Gruppen von Prozessen identifizierbar sind. Auch moralisches Denken verlässt sich demnach oft auf intuitive und automatische Mechanismen, ist aber durch bewusste Reflexion hinterfragbar.

Moralisches Denken im MRT

Um dies zu untersuchen, nutzt Greene funktionale Magnetresonanztomographen (fMRT), die es erlauben, elektrochemische Erregungszustände im Gehirn visuell zu lokalisieren. Geprüft wird, ob sich die zwei „Systeme" im moralischen Denken vielleicht dadurch identifizieren lassen, dass sich verschiedene Gruppen von Arealen im Gehirn als beteiligt am moralischen Denken erweisen lassen – und zwar im Idealfall Areale, die generell mit jenen zwei Systemen assoziiert sind.

Als Gegenstand ihres moralischen Denkens wurden den Probanden dabei Trolley-Fälle vorgelegt. Greenes Untersuchungen belegen: Wenn Probranden über *Trolley: Brücke* urteilen, dass es falsch wäre, die schwere Person zu stoßen, so handelt es sich um einen schnellen Prozess, der mit erhöhter Aktivierung in Bereichen im Gehirn verknüpft ist, die eher für Emotion zuständig sind. Urteilen sie hingegen über *Trolley: Weiche*, dass es richtig ist, die eine Person zu opfern, so wird länger nachgedacht und es sind Areale aktiv, die mit bewusstem Überlegen assoziiert sind.

Emotionaler Mechanismus

Greene und andere Konsequentialisten (vgl. Singer 2005) schließen daraus: Unser Urteil über *Trolley: Brücke* entspringt einem archaischen, unbewussten, emotionalen Mechanismus. Gerade die direkte und persönliche Form des Tötens, so schlägt Greene vor, ruft spontanen Widerwillen und Abscheu hervor. Ein solcher Automatismus leistet oft gute Dienste, und er dürfte eine wichtige evolutionäre Rolle dadurch gespielt haben, dass er friedliche Kooperation gewährleistet.

Reflektiertes Urteil

Aber ein solcher Mechanismus muss deswegen noch lange nicht unserem reflektierten Urteil standhalten. Denn tatsächlich sollten der Kontakt und die Nähe unser moralisches Urteil nicht wirklich trüben. Daher, so Greene und Singer, sollten wir diesen Fall nicht anders beurteilen als *Trolley: Weiche*.

Kritik

Greenes Studien haben jedoch auch Kritik erfahren. So zeigen Guy Kahane und Kollegen (Kahane et al. 2012), dass diejenigen Phänomene (Verarbeitungszeit und beteiligte Hirnareale), die Greene bei Urteilen über *Trolley: Brücke* beobachtet, in ähnlicher Form immer dann auftreten, wenn uns ein Urteil unmittelbar einleuchtend erscheint – und zwar ganz unabhängig davon, ob es ein deontologisches oder konsequentialistisches Urteil ist. Das verbreitete Urteil über *Trolley: Brücke* muss also keineswegs irrational sein. Es betrifft einfach nur eine Selbstverständlichkeit.

Judith Jarvis Thomson

Auch Vertreter einer deontologischen Ethik haben ihrerseits Vorschläge vorgebracht. Zu den interessantesten gehört einer, den Judith Jarvis Thomson in späteren Arbeiten zum Trolley-

Problem formuliert. Obwohl sie es nicht erwähnt, passt dieser Lösungsansatz gut zu Kants ethischer Theorie.

Das Urteil, zu dem Thomson mehr als zwei Jahrzehnte nach ihren frühen Arbeiten kommt, lautet, dass es das Trolley-Problem gar nicht gibt. Das Problem bestand ja darin, dass unsere Urteile über *Trolley: Weiche* und über *Trolley: Brücke* (sowie über *Transplantation* und *Transplantation-Medikament*) divergieren. Wieso, so lautete die Frage, finden wir es im ersten Fall zulässig, sogar geboten, die eine Person zu opfern, in den anderen Fällen nicht? Thomson vertritt nun die Ansicht, dass es genau diese Divergenz gar nicht gibt. Anders als Konsequentialisten wie Greene und Singer glaubt sie jedoch nicht, dass wir in allen Fällen die fünf Personen retten sollten. Sondern sie glaubt, dass es schon in *Trolley: Weiche* unzulässig wäre, die eine Person zu opfern!

Zur Begründung dieser Ansicht beschreibt sie eine weitere Variante eines Trolley-Falles:

Beispiel

Trolley: Drei Optionen
Wir sehen einen Straßenbahnwagen, der außer Kontrolle und nicht zu bremsen ist. Der Fahrer ist außer Gefecht gesetzt. Auf dem Gleis vor dem Wagen befinden sich fünf Personen, die nicht ausweichen können. Unternehmen wir nichts, müssen die fünf sterben. Wir haben eine Fernbedingung für eine Weiche, mit der wir den Wagen auf eines von zwei Nebengleisen lenken könnten. Auf dem ersten Nebengleis befindet sich eine Person, die wir töten würden. Auf dem zweiten Nebengleis befindet sich ebenfalls eine Person, die wir töten würden – und zwar wir selbst.

Keine Pflicht, sich selbst zu opfern

Wir könnten also, wie in *Trolley: Weiche,* eine Person opfern, um die fünf zu retten. Aber welche Person? Thomson argumentiert wie folgt: Aus der Perspektive eines möglichen Opfers wird uns zunächst deutlich, dass wir nicht verpflichtet sind, uns selbst zu opfern. Und dieser Eindruck ist nicht etwa nur eine eigennützige Erfindung. Wir finden es im Allgemeinen supererogatorisch, wenn Menschen solche Opfer bringen – sich etwa zum Schutze einer größeren Zahl von Personen auf Granaten werfen etc. Sollen wir dann aber die andere Person opfern? Keineswegs! Sie ist eben so wenig wie wir verpflichtet, dieses Opfer zu bringen. Wenn wir denn schon eine gute Tat vollbringen wollen (und wir sind ja diejenigen mit der Fernbedienung), dürfen wir die Kosten unserer guten Tat nicht anderen auflasten. Während es uns

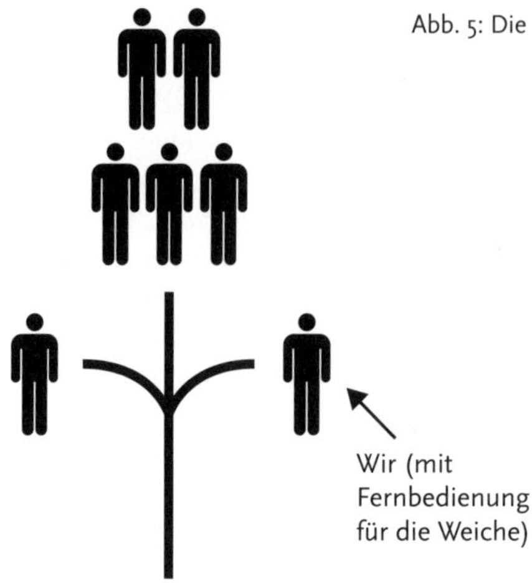

Abb. 5: Die Situation in *Trolley: Drei Optionen*

also freisteht, zu entscheiden, das Opfer selbst zu bringen, wäre es sogar falsch, der anderen Person ein Opfer aufzuzwingen, zu dem wir uns nicht verpflichtet sehen.

In *Trolley: Drei Optionen* wäre es demnach falsch, die eine Person (die nicht wir sind) zu opfern. Was ergibt sich daraus aber für den Fall *Trolley: Weiche*? Die weitere Argumentation ist einfach: Wenn es falsch wäre, die eine Person in *Trolley: Drei Optionen* zu opfern, wie könnt es dann in *Trolley: Weiche* zulässig sein? Auch dort ist die Person ja ebenso wenig verpflichtet, dieses Opfer zu bringen. Und wir können die Frage, ob wir diese Person dazu verpflichten dürfen, für die anderen zu sterben, ja kaum davon abhängig machen, ob wir selbst in Frage kommen. Schwerlich werden wir behaupten können, dass hier, wo wir selbst „aus dem Schneider sind", größere Opfer gefragt sind!

Kantianischer Gedankengang

Hier erkennen wir einen Kantianischen Gedankengang: Wenn wir merken, dass wir selbst uns nicht in der Pflicht sehen, uns zu opfern, dann ist es auch falsch, nach einer Maxime zu handeln, die anderen solche Opfer aufzwingt und die, als allgemeines Gesetz, auch uns die Pflicht aufzwingen würde.

Was ist aber mit dem Fall *Medikament*? Hier schreckt Thomson davor zurück, ebenfalls zu urteilen, dass wir nicht verpflichtet sind, die eine Person zu opfern. Stattdessen argumentiert sie, dass – da der problematische Fall *Trolley: Weiche* nicht mehr von den anderen Urteilen abweicht – eine Lösung wie diejenige von Philippa Foot wieder zu verteidigen sei (s.o.). Wir haben aber gesehen, dass sich hier weitere Gegenbeispiele ergeben, wie etwa *Medikament-Transplantation*.

Ich möchte abschließend erwähnen, dass John Taurek auch für einen Fall wie *Medikament* argumentiert, dass es zumindest nicht verpflichtend ist, die eine Person zu opfern. Angenommen, die eine Person, die die volle Dosis benötigt, ist die rechtmäßige Besitzerin des Medikaments. Sie muss also entscheiden, ob sie gerettet wird oder die anderen fünf. Wieder gilt: Es wäre zwar überaus bewundernswert (und supererogatorisch), wenn sie sich opferte. Aber verpflichtet dazu scheint sie uns nicht zu sein. Es wäre zulässig, wenn sie ihr Medikament für ihre eigene Rettung verwendet. Nehmen wir nun aber an, das Medikament gehöre weder dieser einen Person noch sonst einer erkrankten Person, sondern uns (den Rettern). Dann gilt immer noch: Wenn es im vorigen Falle zulässig für die eine Person wäre, ihr Medikament für sich selbst zu verwenden, wie könnte es dann in diesem neuen Falle falsch für uns sein, unser Medikament für genau denselben Zweck zu nutzen?

Auch hier klingt ein erkennbar Kantianisches Argument an: Wenn es für die eine Person zulässig wäre, ihr Medikament so zu benutzen, dann kann die Maxime ihres Handelns nicht nur für ihren eigenen Fall und auf Basis des Eigeninteresses zulässig sein, sondern zulässig simpliciter.

Selektionseffekt

So wird erkennbar, dass es – anders als oft kolportiert wird – durchaus interessante Lösungen des Trolley-Problems gibt. Dass sich nicht alle Autoren darüber einig sind, welches die Lösung ist, dürfte nur die Leser überraschen, die sich in der Philosophiegeschichte wenig umgeschaut haben. Für wenige Probleme der Philosophie gibt es Lösungen, über die sich alle einig sind. Das liegt nicht daran, dass Philosophie ein hoffnungsloses Unterfangen ist. Eher ist es eine Art Selektionseffekt. Philosophen befassen sich eben speziell mit den Fragen, die sich einer offensichtlich richtigen Antwort entziehen – die aber gleichwohl den Eindruck machen, dass es eine richtige Antwort geben müsse. Auch bei der Trolley-Debatte wäre es vorschnell, sie für aussichtslos zu erklären.

Weiterführende Literatur:

Die klassischen Texte von Foot und Thomson liegen vor in Foot (1967) und Thomson (1976) und Thomson (1985). Thomsons neue Position wird entwickelt in Thomson (2008).

Den vorläufig aktuellen Stand der Diskussion bietet Kamm (2016).

Einen kurzweiligen Überblick über die verzweigte Debatte bietet Edmonds (2015).

6. Ein neuer, alter Ansatz: Die Tugendethik

Die Ansätze der normativen Ethik, die bisher zur Sprache gekommen sind, haben in mehreren Hinsichten eine typisch neuzeitliche oder moderne Prägung: Sie streben nach Systematisierung, versuchen also, moralische Urteile aus Prinzipien abzuleiten. Und sie betonen die Eigenständigkeit des Gegenstandes. Spätestens seit Hume wird betont, dass Sollensaussagen sich nicht aus unserem deskriptiven Wissen über uns oder die Welt ableiten lassen, sondern in dem Sinne autonom sind, dass sie, wenn sie sich herleiten lassen, jederzeit weiterer normativer Prämissen bedürfen. Und seit Kant betonen viele normative Ethiker ebenfalls, dass moralische Forderungen kategorisch sind, also ihre Gültigkeit unabhängig davon haben, was unseren subjektiven Zielen und Anliegen dient.

Ansätze der normativen Ethik

Dieses Programm beeindruckt dadurch, dass es die Moral als eigengesetzlichen Gegenstand besonders ernst zu nehmen scheint. Aber es gibt Philosophen, die darin letztlich einen Nachteil erblicken. Die moderne Idee einer autonomen Moral erscheint ihnen als entfremdete, pervertierte Erscheinungsform der Weise, in der wir eigentlich über menschliche Belange nachdenken sollten.

Moral als eigengesetzlicher Gegenstand

Schon in der Nachfolge Kants wurden Bedenken dieser Art geäußert, in einflussreicher Weise etwa von Georg Wilhelm Friedrich Hegel (1770–1831). Hegel zufolge erfassen Ansätze wie derjenige Kants nur eine Form der „Moralität“, die der Wirklichkeit menschlichen Handelns gegenüber in schlechter Weise abstrakt ist. Erstens ist ein moralisches Prinzip wie der kategorische Imperativ inhaltsleer, oder bloß formal. Wenn wir nicht bereits Wesen wären, die bestimmte gehaltvolle Vorstellungen des Guten mitbrächten, würde es uns unmöglich sein, irgendwelche definitiven Erkenntnisse aus dem kategorischen Imperativ „abzuleiten.“ Und zweitens lässt gerade der kategorische Charakter dieses Grundsatzes es vollkommen unklar, was uns denn eigentlich dazu motivieren sollte, ihm Folge zu leisten. Das abstrakte Sollen bleibt, so Hegel, ohnmächtig.

Georg Wilhelm Friedrich Hegel

Viele Kritiker der neuzeitlichen Moralphilosophie teilen Hegels Bedenken. Und viele von ihnen glauben eine weniger entfremdete Auffassung von Moral in der Antike zu finden – in ei-

Kritik

ner Tradition, die von Sokrates (469–399) und Platon (428–348) über Aristoteles (384–322) bis zu Epikur (341–271) und den Stoikern reicht. Ihre Lehren werden oft summarisch als Tugendethik bezeichnet. In der aktuellen Philosophie plädieren u. a. Autoren wie Elizabeth Anscombe, Bernard Williams und Alasdair MacIntyre (*1929) für eine Rückbesinnung auf die Tugendethik.

Grundideen der antiken Philosophie

Was macht die antiken Philosophie zu einem attraktiven Ansatzpunkt? Zwar unterscheiden sich die Ideen der Autoren im Detail erheblich. Aber sie sind sich in bestimmten Grundideen einig. Und es sind diese Grundideen, die sie zu einem Anknüpfungspunkt für Kritiker der neuzeitlichen Moralphilosophie machen. Grundsätzlich geht es den genannten antiken Philosophen nämlich, im genauen Gegensatz etwa zur Kantischen Tradition, um ein integratives Projekt. Sie sind bestrebt, unser moralisches Denken in Beziehung zu setzen zu unserem Denken über die Natur, speziell die menschliche Natur, und zu unserem Denken über das glückliche, erfüllte Leben. Aus diesem Grunde erscheint es – wie ich in der Einleitung bereits erwähnt habe – als anachronistisch, im Zusammenhang mit diesen Autoren überhaupt von moralischem Denken zu sprechen. Immerhin geht es ihnen ja darum, dass es keine separate Abteilung unseres Denkens mit diesem Titel gibt.

Man mag mitunter versucht sein, zu sagen, dass antiken Autoren die Idee, Moral sei ein eigener Gegenstand, sogar vollkommen fremd gewesen wäre. Aber damit, so scheint mir, übersieht man einen wesentlichen Punkt. Tatsächlich setzen diese Autoren – ganz besonders Platon – sich intensiv mit den Ansichten ihrer Zeitgenossen auseinander, die ebenfalls bereits Schwierigkeiten hatten, z.B. Forderungen der Gerechtigkeit in Beziehung zu setzen zu anderen Belangen der menschlichen Existenz. Und die Bedenken, die diese Zeitgenossen umtrieben, unterscheiden sich wenig von denen, die wir heute haben: Ist Gerechtigkeit nicht ein Hirngespinst, oder eine Form der Ideologie? Steht moralische Tugend nicht in einem unüberbrückbaren Gegensatz zum Eigeninteresse? Die antiken Moralphilosophen schlagen sich mit genau den Fragen herum, die uns auch heute noch Kopfzerbrechen bereiten. Das macht sie ja zu so wertvollen Gesprächspartnern.

6.1 Aristoteles über Tugend und Menschliche Natur

Wo moderne Philosophen betonen, dass kein Sollen aus dem Sein folgt, betonen die genannten antiken Philosophen im geraden Gegensatz, dass unser ethisches Wissen keinen Sonderbereich bildet, sondern dass es sich bruchlos in unser Wissen über die Natur einfügen lässt. In Kurzform:

Kein Sonderbereich

Aristotelischer Naturalismus
Ethische Tugenden sind vollkommene Verwirklichungen von Aspekten der menschlichen Natur.

Wie haben wir diese Auffassung zu verstehen? Und bestreiten diese Autoren einfach das, was Autoren wie Hume und Kant über die Nicht-Ableitbarkeit eines Sollens aus dem Sein behaupten?

Nicht-Ableitbarkeit eines Sollens aus dem Sein

Nicht wirklich. Was die Autoren unterscheidet, ist nicht nur ein anderes Verständnis von Moral – sondern mindestens ebenso sehr ein anderes Verständnis der Natur. Antike Autoren haben es für klar gehalten, dass unser Wissen über die Natur selbst nicht den Charakter hat, den wir heute als deskriptiv oder wertfrei bezeichnen würden. Die fraglichen Autoren zählen zu unserem Wissen über die Natur gerade auch Wertfragen – etwa die Frage, wozu bestimmte Organe oder Verhaltensweisen im Bereich des Lebendigen eigentlich gut sind. Und das ist uns nur zu vertraut: Auch wir haben den Eindruck, das Leben einer Spezies erst dann zu verstehen, wenn wir wissen, wozu bestimmte eigenwillige Verhaltensweisen eigentlich hilfreich oder zielführend sind. Gewiss, wir haben uns unter dem Eindruck der Evolutionstheorie von dem Gedanken verabschiedet, dass bestimmte Kräfte in der Natur die entsprechenden Ziele oder Güter tatsächlich verfolgen, dass dieselben also eine kausale Rolle spielen.

Ein anderes Verständnis der Natur

Das ändert aber nichts daran, dass wir auch Wertfragen an die Natur richten. Dazu müssen wir nicht unterstellen, dass die Natur selbst das Gute verfolgt.

Wertfragen an die Natur

Eine sehr einflussreiche Form der entsprechenden Ideen finden wir bei Aristoteles. Aristoteles betont, dass unter den Warum-Fragen, die wir in unserer Erforschung der Natur stellen, eine ganz prominente diejenige nach dem Zweck oder dem Wozu ist. (Insgesamt unterscheidet Aristoteles vier Weisen, die

Die vier Ursachen

Frage „Warum?“ zu beantworten, und diese vier Weisen werden in der Tradition oft als vier Ursachen bezeichnet – eine Formulierung, die heute mitunter Verwirrung stiften kann.)

Wissen über Ziele und Zwecke

Tatsächlich, so Aristoteles, gehört es zu unserem Wissen davon, zu welcher Art von Ding etwas gehört, ganz zentral ein Wissen über Ziele und Zwecke. Zu unserem Verständnis davon, was einen Tiger ausmacht, gehört ganz wesentlich ein Wissen davon, wie die Lebensvollzüge eines Tigers aussehen, und wozu bestimmte Merkmale einem Tiger behilflich sind.

Wenn wir also wissen, was einen Tiger ausmacht, so Aristoteles, wissen wir *ipso facto* auch, wann wir es mit einem Musterexemplar eines Tigers zu tun haben – einem Exemplar also, das das, was in einem Tigerleben wichtig ist, in Perfektion ausgebildet hat und einsetzt. Und wir wissen auch, was ein Defizit oder eine Behinderung an einem Tiger ausmacht. Gleiches gilt umgekehrt: Wenn wir keine Ahnung davon haben, was einen Tiger zu einem Musterexemplar seiner Spezies machen würde, so werden wir ehrlich zugeben müssen, nicht genau zu wissen, was Tiger ausmacht.

Zu jedem Verständnis davon, was eine bestimmte Art ausmacht, gehört also ein Verständnis von den spezifischen Vollzügen und Anforderungen in der Existenz dieser Art. Das gilt nicht nur für Lebewesen, sondern auch für ihre Teile: Wir wissen nicht, was ein Auge ausmacht, wenn wir nicht wissen, dass es zum Sehen da ist. Auch hier gilt: Egal, welche Vorzüge ein Auge sonst noch haben mag, zu einem guten Auge wird es nur durch eine gute Verwirklichung seiner spezifischen Funktion. Gute Augen hat nur, wer gut sehen kann. Ebenso für Artefakte: Unser Verständnis davon, was ein Messer ist, umfasst das Wissen darum, dass ein Messer zum Schneiden da ist. Und damit wissen wir auch, was ein Messer zu einem Musterexemplar macht. Es ist egal, ob ein Messer hübsch aussieht, oder ob es sich gut zum Briefebeschweren eignet – zu einem guten Messer wird es nur, wenn es die spezifische Funktion eines Messers gut erfüllt, wenn es also gut schneidet.

Das ergon

Kurzum: Für jede Art von Ding gibt es bestimmte Anforderungen, die sich in der spezifischen Existenzweise dieser Art ergeben. Diese Anforderungen bezeichnet Aristoteles als das *ergon* dieser Art. Das ergon eines Messers wäre das Schneiden, das ergon eines Auges das Sehen, und das ergon des Tigers die natürliche Lebensweise eines Tigers. Die spezifisch naturalistische These des Aristoteles besagt dann, dass unsere Auffassung von Güte in Bezug auf eine Art an die Verwirklichung des ergon dieser Art gebunden ist. Etwas ist genau dann ein gutes Exemplar einer Art F, oder: ein gutes F, wenn es so beschaffen ist, dass es das ergon der Art F gut verwirklicht. Das heißt also: Immer, wenn wir etwas gut nennen, ziehen wir implizit oder explizit ein Verständnis der Natur und der Lebensvollzüge der relevanten Art von Ding heran. Wertbegriffe stehen nicht im Gegensatz zur Natur. Sondern sie situieren die Dinge gerade in unserem Verständnis derselben.

Ein guter Mensch

Jedenfalls sollten wir, so Aristoteles, auch die Rede von Güte in Bezug auf Menschen und ihre Handlungen so verstehen. Ein guter oder tugendhafter Mensch ist in genau demselben Sinne gut wie ein gutes Auge, ein gutes Messer oder ein guter Tiger. Tugend ist nichts weiter als die vollkommene Ausbildung dessen, was uns für die Zwecke eines Menschenlebens geeignet macht. Ein tugendhafter Mensch ist einfach ein Musterexemplar einer bestimmten natürlichen Spezies.

Wichtig ist wieder, dass nicht irgendwelche Vorzüge einen Menschen gut machen, so wenig wie irgendwelche Vorzüge ein Messer zu einem guten Messer machen. Um zu wissen, was einen Menschen gut macht, müssen wir also wissen, was für ein menschliches Leben spezifisch ist. Für Aristoteles ist klar, dass es eine bestimmte Art von Vernunftgebrauch ist. Menschen, so die Idee, zeichnen sich dadurch aus, dass sie ihr Leben in vernünftiger und überlegter Weise führen können. Das menschliche ergon muss folglich darin bestehen, für dieses Leben geeignet zu sein. Und eine mustergültige Verwirklichung dieses ergon wäre eine Ausstattung mit Merkmalen, die einen Menschen für ein vernünftig geführtes Leben besonders geeignet macht. Ein besonders vernünftiger Mensch wäre so das Gegenstück zu einem starken Tiger oder einem scharfen Messer.

Selbstverständlich ist Aristoteles ebenso klar wie uns, dass nicht jeder Mensch besonders gut darin ist, sein Leben vernünftig zu führen. Aber das widerspricht seiner These natürlich auch nicht im Mindesten – ebensowenig, wie der Umstand, dass nicht jedes Messer gut schneidet oder jedes Auge gut sieht. Es gilt sogar: Selbst wenn die meisten Menschen unvernünftig, die meisten Messer stumpf und die meisten Augen fehlsichtig wären, so würden wir immer noch in allen diesen Fällen einen natürlichen Defekt erkennen. Das ergon einer Art von Ding ist keine statistische Größe.

Wir können diese Überlegungen des Aristoteles in der folgenden Form zusammenfassen:

Das ergon-Argument des Aristoteles

(1) Ein gutes Exemplar einer Art F (also: ein gutes F) ist eines, das das ergon der Art F in vollkommener Weise verwirklicht.

(2) Das ergon der Art Mensch ist, sein Leben vernünftig zu führen.

Folglich: Ein gutes Exemplar der Art Mensch (also: ein guter Mensch) ist eines, das sein Leben in vollkommener Weise vernünftig führt.

Vernunft in zwei Formen

Wie genau sieht das aus? Aristoteles zufolge äußert sich die Vernunft beim Menschen in zwei Formen. Zum einen gibt es einfach das vernünftige Nachdenken, das sich in eher theoretischen Formen der Erkenntnis und des Wissensgewinns niederschlägt. Wir können diese Fähigkeit in verschiedenen Weisen vervollkommnen.

Dianoëtische Tugenden

Diese vollkommenen Ausprägungen nennt Aristoteles unsere dianoëtischen Tugenden. Wer diese Tugenden aufweist, dem oder der gelingt es in mustergültiger Weise, Zusammenhänge zu verstehen, Entdeckungen zu machen, zu reflektieren.

Strebevermögen

Zum anderen hat unsere Vernunftnatur einen praktischen Aspekt. Wir teilen mit anderen Lebewesen etwas, das Aristoteles (wie andere antike Autoren) das Strebevermögen nennt – also das Vermögen, sich aus eigenem Antrieb zu bewegen und zu agieren. Dieses Strebevermögen ist, da es eben auch in anderen Spezies auftritt, nicht *per se* vernünftig und spezifisch menschlich. Was Menschen aber auszeichnet, ist, dass sie die Möglichkeit haben, die Vernunft über dieses Streben bestimmen zu lassen. Menschen ist es möglich, sich zu überlegen, was zu tun ist, *und* diese Überlegungen dann (im günstigen Falle) in ein entsprechendes Streben umzusetzen. Hier kann die Vernunft auf kausale Weise das Strebevermögen bestimmen. Auch dies ist Teil der Vernunftnatur.

Motive Lust und Schmerz

Speziell sind unsere unmittelbaren Motive Aristoteles zufolge, wie bei anderen Lebewesen, Lust und Schmerz. Was uns auszeichnet, ist die Fähigkeit, diese Motive vernünftig zu gestalten. Menschen können z.B. einen Antrieb ausbilden, bestimmte Dinge zu tun, obwohl sie zunächst keinerlei Lust darauf haben. Tatsächlich können sie sogar Lust auf etwas bekommen, weil sie verstehen, dass es richtig oder vernünftig ist. Kurz: Hier äußert sich unsere Vernunftnatur darin, dass unsere Antriebe und Empfindungen unter der Herrschaft des vernünftigen Überlegens stehen.

Ethische Tugenden

Aristoteles nennt verschiedene Weisen, in denen diese Fähigkeit vollkommen sein kann, auch unsere ethischen Tugenden. Sie sind Tugenden des praktischen Vernunftgebrauchs, und sie umfassen zum Beispiel das Maßhalten, die Gerechtigkeit, den Mut oder auch die Wohltätigkeit.

Da es bei Tugenden darum geht, eine bestimmte Natur auszubilden, können Tugenden keine vorübergehenden Merkmale sein. Eine ethische Tugend hat ein Mensch, zu dessen Natur es gehört, entsprechend zu agieren. Mit einem Wort: Tugenden sind feste Charaktermerkmale. Tapferkeit, Gerechtigkeit, Mäßigung etc. sind also keine momentanen Verfassungen, die man mal aufweisen kann und mal nicht. Ein gerechter Mensch ist man nicht nur manchmal. Wenn jemand ein gerechter Mensch ist, so charakterisiert dies das Leben, Denken und Fühlen dieses Menschen ganz. Das muss übrigens, so Aristoteles, nicht heißen, dass ein gerechter Mensch nicht einmal einen schlechten Tag haben oder Fehler machen kann. Aber wir sprechen in diesen Fällen insofern von einem gerechten Menschen, als wir sicher sind, dass er oder sie sozusagen *out of character* agiert.

Tugenden mit charakteristischem Strukturmerkmal

Ethische Tugenden, so Aristoteles, haben es mit Lebensbereichen zu tun, in denen unsere Handlungsmotive (Lust und Leid) relevant werden. Die Rolle der Tugenden besteht darin, diese Antriebe in einer Weise zur Geltung zu bringen, die die Vernunft als richtig erkennt. Weil jene Antriebe unterschiedliche Intensitäten annehmen, geht Aristoteles davon aus, dass Tugenden ein charakteristisches Strukturmerkmal zeigen: Sie liegen oft in der Mitte zwischen Extremen. Jemand ist wohltätig, wenn er weder zu sehr noch zu wenig geneigt ist, andere zu unterstützen. Er oder sie teilt mit anderen, lässt sich aber nicht beliebig ausnehmen. Jemand ist tapfer, wenn er oder sie weder zu sehr noch zu wenig geneigt ist, Gefahren zu scheuen. Er oder sie ist also weder feige noch tollkühn. Jemand ist gerecht, wenn er oder sie weder mehr noch weniger für sich oder andere will, als der jeweiligen Partei zusteht.

Die rechte Mitte finden

Diese rechte Mitte zu finden ist dabei Sache der Vernunft. Ob man feige ist oder tollkühn hängt nicht davon ab, wie oft man Gefahren trotzt, sondern ob man es dann tut, wenn es dafür gute Gründe gibt, wenn also etwas von Wert auf dem Spiel steht.

Bei der Findung der rechten Mitte berücksichtigt die Vernunft alle relevanten Umstände. Deshalb ist diese Mitte auch nicht für jede Person dieselbe, sondern sie ist jeweils eine Mitte „in Bezug auf uns“. Das heißt nicht, dass diese Mitte subjektiv ist, oder vom Betrachter abhängt. Sie hängt von den objektiven Unterschieden zwischen uns ab. Es kann leicht sein, dass eine Handlung tollkühn wäre, wenn ich sie vollziehe, aber nicht, wenn ein ausgebildeter Bergretter sie vollzieht.

phronesis

Die Rolle der Vernunft für die ethische Tugend sorgt dafür, dass ethische Tugend nicht von allen dianoëtischen Tugenden unabhängig ist. Um gut zu sein, muss man eben auch in bestimmten Hinsichten klar denken – und zwar genau in den Hinsichten, die es uns erlauben, zu bestimmen, wie der Gerechtigkeit oder Tapferkeit oder der Wohltätigkeit am besten gedient ist. Diese Fähigkeit des Denkens untersucht zwar praktische Zusammenhänge, ist selbst aber eine Tugend des Verstandes. Aristoteles bezeichnet sie als phronesis, übersetzt vielleicht: „praktische Klugheit".

Keine Tugenden ohne praktische Klugheit

Diese Form der Klugheit bildet eine wichtige Scharnierfunktion innerhalb der Tugenden. Denn, so Aristoteles: Diese Form der Klugheit setzt ihrerseits voraus, dass wir uns in ethischen Fragen orientieren können. Niemand, der kein gerechter Mensch ist, wird zuverlässig beurteilen können, in welcher Weise und mit welchen Mitteln der Gerechtigkeit entsprochen werden kann. Also ergibt sich ein Wechselverhältnis: Zwar benötigen die ethischen Tugenden die phronesis, aber ebenso benötigt die phronesis umgekehrt die ethischen Tugenden. In der Tat, so Aristoteles, ergibt sich daraus, dass zumindest im praktischen Bereich die Einheit der Tugenden gilt. Wir haben einzelne ethische Tugenden nur, wenn wir auch die praktische Klugheit haben. Aber diese praktische Klugheit verlangt, dass wir praktische Wertfragen generell beantworten und gewichten können. (*Tapfer* ist also, wer z.B. erkennen kann, dass er um einer *gerechten* Sache willen einer Gefahr trotzen muss.) Deswegen benötigen wir letztlich für *eine* ethische Tugend auch gleich alle anderen.

Daraus ergibt sich, dass wir es mit einem ambitionierten Ideal zu tun haben. Tugend ist eine Frage des Charakters – und zwar eine, die eine umfassende tugendhafte Verfassung in ganz verschiedenen Bereichen erfordert. Wie soll es uns gelingen, diese Art von Tugend zu erlangen?

Einüben von Tugenden

Die Antwort ist ernüchternd: Gerade weil es darum geht, eine bestimmte Natur als Mensch zu haben, lässt sich Tugend nicht durch Unterrichtung lehren oder lernen. Im Gegenteil: Tugenden muss man trainieren, also praktisch einüben, damit die entsprechenden Formen des Denkens, Wollens und Fühlens uns zuletzt zur Natur werden. Das aber, so Aristoteles, gelingt eigentlich nur dann, wenn es von Kindesbeinen an gewissenhaft geschieht. Diejenigen von uns, denen diese Art von Erziehung nicht zuteil geworden ist, können und sollen sich natürlich immer noch tugendhaft benehmen – eben so, wie es Tugendhafte täten. Aber wir leben dann ein Leben, in dem wir uns selbst fortgesetzt dazu anhalten müssen, tugendhaft zu agieren. Ein wirklich tugendhafter Mensch braucht keinerlei Selbstbeherrschung dazu. Er handelt gut, weil es genau das ist, was ihm liegt.

Keine Theorie der Tugend

Dieser Umstand erklärt auch, warum die ethischen Schriften des Aristoteles wenig von dem enthalten, was heutige Leser von der normativen Ethik erwarten. Wir erfahren wenig darüber, was genau denn die Tugend eigentlich von uns verlangt. (Gibt es Umstände, unter denen man ein Versprechen brechen darf? Was genau steht wem in Fragen der Gerechtigkeit zu? Etc. pp.) Aristoteles lehnt eben die Idee, dass es eine Theorie der Tugend geben könnte, ab. (So eine Theorie wäre für ihn so witzlos wie eine Theorie des Fahrradfahrens. Wer es kann, braucht sie nicht und wird sie als unterkomplex erkennen. Wer es noch nicht kann, braucht keine Theorie, sondern Übung.)

Orientierung an Vorbildern

Wir müssen uns ins Handgemenge begeben und in der Orientierung an tugendhaften Vorbildern einzuüben versuchen, worauf es ankommt. Woran erkennen wir aber den Tugendhaften, solange wir selbst noch nicht tugendhaft sind? Da es um die Verwirklichung der menschlichen Natur geht, glaubt Aristoteles, dass jeder Mensch die richtigen Sensibilitäten durchaus in unkultivierter Form besitzt – er nennt dies natürliche Tugenden. Diese Anlagen, verbunden mit Reflexion darüber, worauf es im menschlichen Leben ankommt, können Ansatzpunkt für unsere Orientierung sein.

6.2 Tugend und Eudaimonia

Gründe, tugendhaft sein zu wollen

Dieser Versuch, Tugenden an die menschliche Natur zu binden, sind jedoch nur ein Aspekt, der die antike Ethik attraktiv macht. Eine weitere Frage, die antike Autoren sehr ernst nehmen, ist die Frage der moralischen Motive. Welche Gründe haben wir eigentlich, tugendhaft sein zu wollen? Der Verweis auf die menschliche Natur beantwortet diese Frage alleine nicht. Immerhin kann ich ja durchaus fragen, was mich denn die Natur meiner Spezies angeht. (Gewiss, wenn man die Frage so stellt, klingt sie irgendwie eigennützig und – nun ja, unmoralisch. Aber wir suchen ja nach Gründen dafür, moralische Erwägungen ernst zu nehmen. Da genügt der Verweis auf Natur nicht.)

Bedingung für ein glückliches Leben

Eine zweite Grundidee der antiken Ethik betrifft diese Frage, und sie ist vielleicht sogar noch faszinierender als der antike Naturalismus. Diese These lautet, dass ethische Tugenden unabdingbar sind, wenn man ein glückliches Leben führen möchte. Und damit ist nicht etwa gemeint, dass man nur dann glücklich wird, wenn *andere* Menschen tugendhaft sind. Nein – um ein glückliches Leben führen zu können, muss man selbst tugendhaft sein, sogar dann, wenn das eigene Umfeld es vielleicht nicht ist. Diese These ist denkbar stark: Alle eingangs genannten Autoren bestehen darauf, dass ethische Tugend eine notwendige Bedingung für ein glückliches Leben ist. Und einige unter ihnen, etwa Sokrates (in einigen Dialogen Platons) und die Stoiker, behaupten sogar, dass ethische Tugend und Glück ein und dasselbe sind. Wer tugendhaft ist, dessen Glück ist diesen Autoren zufolge durch nichts (wirklich: *nichts*) mehr zu verderben. Aristoteles hingegen, auf den wir uns hier weiter konzentrieren, stimmt diesem letzten Schritt nicht zu. Auch für den Tugendhaften gibt es bestimmte Bedingungen, die das Glück zunichte machen können. Aber das geschieht nicht leicht – und allemal, so auch Aristoteles, gibt es ohne Tugenden gar kein Glück.

Aristotelischer Eudaimonismus
Tugendhaft zu sein ist eine notwendige Bedingung dafür, ein glückliches Leben zu führen.

eudaimonia

Der griechische Ausdruck, der in diesem Kontext für ein glückliches Leben verwendet wird, ist „eudaimonia". Es besteht wenig Einigkeit darüber, wie dieser Terminus treffend zu übersetzen ist. Manche Autoren verwenden etwa „gelungenes Leben" oder sogar „Gedeihen". Viele dieser Autoren nehmen jedenfalls an, dass mit dem Begriff „eudaimonia" nicht genau dasselbe gemeint sei wie das, was wir heute mit „Glück" meinen. Aber ich bin nicht sicher, ob das stimmt. Aristoteles diskutiert nämlich die Vorstellungen, die viele seiner Zeitgenossen über eudiamonia haben. Und dabei wird deutlich, dass sie zumeist ähnliche Vorstellungen damit verbinden, die viele Menschen heute mit „Glück" verbinden – nämlich freudige Empfindungen, materiellen Wohlstand und Ansehen. Es stimmt, dass Autoren wie Aristoteles glauben, dass diese Vorstellungen von Glück defizitär sind. Aber das hat offenbar nichts damit zu tun, dass der Begriff der eudaimonia ein anderer wäre.

Vorstellungen vom Glück

Wir sollten die These beim Wort nehmen: Tugend ist eine notwendige Bedingung für das, was wir mit „Glück" meinen – obwohl es sein kann, dass unsere Vorstellungen über dieses Glück, heute wie damals, korrekturbedürftig sind. Tatsächlich behauptet Aristoteles, dass die verbreiteten Vorstellungen vom Glück sich leicht als defizitär erweisen lassen. Wenn wir uns erst einmal klarmachen, was echtes Glück wäre, dann ist die These, dass es Tugend dafür braucht, einleuchtend.

Man kann dies am Beispiel des materiellen Wohlstands und des daraus resultierenden Wohlergehens illustrieren.

Beispiel

> Zwei Menschen leben in einem großen Haus, mit einem tollen Auto und einem Swimmingpool. Beide Personen erfreuen sich an diesem Wohlstand und leben sorgenfrei. Wenn nun das Glück in einer solchen Ausstattung besteht, so müssen wir Folgendes annehmen: Wenn den beiden Personen ihr Wohlstand abhanden käme, so würde sie das ins Unglück stürzen. Aber angenommen, nur eine dieser Personen wäre untröstlich über den Verlust seiner Güter, wüsste nicht weiter und verzweifelte. Die zweite Person hingegen wüsste sich auch dann zu trösten. Sie hat die Annehmlichkeiten zwar zu schätzen gewusst, solange sie da waren. Aber sie hängt nicht an ihnen, und ihr setzt dieser Verlust nicht zu.

Unabhängige Haltung

Zweifellos haben wir hier den Eindruck, dass es die zweite Person ist und nicht die erste, die glücklich genannt zu werden verdient. (Und das gilt auch dann, wenn die fraglichen Güter gar nicht wirklich verlorengehen.) Worauf es uns ankommt, ist also gar nicht unbedingt eine bestimmte Ausstattung mit Gütern, sondern zuallererst eine Haltung, die von einer solchen Ausstattung unabhängig ist.

Ethische Tugend besteht nun eben darin, über seine Lust und seine Ängste in vernünftiger Weise zu bestimmen. Tugendhafte Personen sind also gerade diejenigen, die nicht von ihren Wünschen nach Freude und Annehmlichkeit bestimmt werden. Sie sind unabhängig, oder autark.

Theorie der Lust

Heißt das aber, dass ein solches Leben eines voller Entsagung und Verzicht auf Freude ist? Im Gegenteil: Aristoteles entwickelt in zwei Passagen seiner *Nikomachischen Ethik* eine Theorie der

Lust, die zeigen soll, dass wahre Lust aus prinzipiellen Gründen nur dem Tugendhaften zuteil wird.

energeia vs. kinesis

Aristoteles unterscheidet zwei Arten von Lust. Diese Unterscheidung beruht dabei auf einer noch fundamentaleren Unterscheidung zwischen zwei Arten von Prozessen, die Aristoteles generell für metaphysisch bedeutsam hält. Manche Prozesse, so Aristoteles, haben den Charakter einer Aktivität (energeia), andere hingegen den Charakter einer Bewegung (kinesis). Die Ersteren zeichnen sich dadurch aus, dass sie zu jedem Zeitpunkt, zu dem sie sich vollziehen, auch als abgeschlossen gelten können. Die Letzteren hingegen streben auf einen Abschluss zu, und sie gehen nur so lange vor, wie der Abschluss noch nicht erreicht ist. Man kann dies leicht grammatisch testen. Ein Spaziergang etwa hat den Charakter einer energeia. Und das heißt: Wenn ich zu einem Zeitpunkt spazieren gehe, so kann man später sagen, dass ich zu jenem Zeitpunkt spazieren gegangen bin. Ein Haus zu bauen hat hingegen den Charakter einer kinesis. Und das heißt: Solange man sagen kann, ich baue ein Haus, kann man nicht sagen, ich habe dieses Haus gebaut. Und wenn man sagen kann, dass ich das Haus gebaut habe, kann man nicht mehr sagen, dass ich es baue.

Nun gilt Aristoteles zufolge, dass viele Formen von Lust mit Prozessen des Typs der kinesis zu tun haben. Dies sind Prozesse, die auf einen Abschlusspunkt hinauslaufen, und auch die entsprechenden Formen von Lust steuern auf diesen Punkt zu und enden mit seiner Erreichung.

Ein Beispiel scheint mir etwa der Genuss zu sein, den wir aus gutem Essen beziehen. Viele Menschen legen einerseits Wert auf diesen Genuss, möchten ihm aber andererseits aus gesundheitlichen Gründen nicht zu sehr nachgehen. Nun kann man sich fragen: Wieso ist es keine Lösung dieses Problems, die Speisen nur in den Mund zu nehmen, sie zu kauen und den Geschmack zu erleben – und sie dann auszuspucken (und ggf. den Mund auszuspülen)? Natürlich spricht alles Mögliche dagegen, z.B. dass es sehr verschwenderisch wäre. Aber ein wichtiger Befund in unserem Zusammenhang ist speziell dieser: Die Nahrung auszuspucken scheint den Genuss zunichte zu machen. Aber warum eigentlich? Die Geschmackserfahrung während des Kauens wird uns doch voll zuteil. Aristoteles würde antworten, dass die entsprechende Lust eben den Charakter einer kinesis hat. Sie steuert darauf hin, dass die Nahrung auch aufgenommen wird. Zwar hört mit dem Moment, in dem sie geschluckt wird, auch der Genuss auf. Aber dennoch ist der Genuss seiner Natur nach so beschaffen, dass er nach dieser Form der Beendigung seiner selbst verlangt.

Freuden ≠ Glück

Freuden dieser Art, so Aristoteles, sind generell die Freuden, die mit den meisten körperlichen Genüssen einhergehen, und die, die wir aus der Verwendung materieller Güter beziehen. Und genau diese Freuden, darin geht Aristoteles mit vielen seiner Zeitgenossen einig, sind nicht das, was Glück ausmacht. Und das leuchtet ein: Wir haben es mit Freuden zu tun, deren Natur darin besteht, nicht ewig zu währen, und die daher Wiederholung verlangen werden. Wer in solchen Freuden sein Glück zu finden versucht, wird letztlich von Genuss zu Genuss getrieben.

Aber es gibt andere Freuden. Diese haben, anders als z.B. Freuden der Nahrungsaufnahme, keinen natürlichen Zielpunkt, zu dem sie uns treiben sollen. Neben der Wiederherstellung unserer Kräfte (z.B. in Form von Nahrungsaufnahme) gibt es ja auch die Betätigung dieser Kräfte. Und dort, wo wir unsere Kräfte und Fähigkeiten in freier Weise aktiv sein lassen, ohne dies einem weiteren Zielpunkt unterzuordnen, erfahren wir ebenfalls Freude. Wenn wir hören nur um des Hörens willen (z.B. im Genuss von Musik), wenn wir Dinge durchdenken um des Denkens willen (in Wissenschaft oder Philosophie), wenn wir uns bewegen um der Bewegung willen (in Sport und Spiel), dann ist uns auch dies eine Freude. Und da gibt es keinen Abschlusspunkt, auf den wir zusteuern und an dem der Genuss die eigene Beendigung verlangt. Von der Freude, die wir dabei empfinden, kann man nachher sagen, dass sie zu jedem Zeitpunkt ihre eigene Vollendung hatte. Diese Form der Freude hat also nicht den Charakter einer kinesis, sondern den einer energeia.

Begleiterscheinung freier Aktivität

Man darf nicht den Fehler machen, jene Freude wiederum als ein Ziel des Handelns zu verstehen. Wer tanzen geht oder eine Symphonie hört, nur um die ganze Zeit zu prüfen, ob er sich auch wie beabsichtigt freut, der ruiniert damit die Freude. Die wahre Freude resultiert also allein als Begleiterscheinung einer freien Aktivität, die nicht das Erlangen dieser Freude zum Ziel hat.

Diese Form der Freude, so Aristoteles, erfahren wir immer dort, wo wir unsere natürlichen Fähigkeiten in freier Form aktiv sein lassen. Und hier bemerken wir, dass das Resultat mit dem ergon-Argument über ethische Tugenden konvergiert. Wir wissen aus dem letzten Abschnitt, dass ethische Tugend nichts anderes ist als eine aktive Verwirklichung der menschlichen Natur. Und genau darin, so lernen wir hier, soll auch die wahre Freude liegen. Wer also vernünftig handelt um des vernünftigen Handelns willen, der ist im Einklang mit seiner Natur und erfährt diese Freude.

Sowohl Tugend als Quelle wahrer Freude

Wir können also zusammenfassen: Die aktive und vollkommene Verwirklichung der menschlichen Natur ist für Menschen sowohl die Tugend als auch die Quelle der wahren Freude.

Kontrast zur neuzeitlichen Ethik

In dieser These kulminiert das integrative Projekt der antiken Ethik. Der Kontrast zur neuzeitlichen Ethik ist damit überdeutlich: Kant separiert die Orientierung an der Pflicht von unserem Interesse an einem glücklichen Leben. Und auch ein Utilitarist wie Henry Sidgwick spricht von einem Dualismus der praktischen Vernunft, in dem Forderungen der Moral und Forderungen des Eigeninteresses konkurrierende Forderungen an uns richten. Und alle neueren Autoren gehen darin überein, dass die Erforschung der Natur des Menschen wiederum ein anderes Thema ist. Antike Ethiker behaupten demgegenüber eine große Konvergenz: Ein Musterexemplar der Spezies Mensch, und ein ethisch guter Mensch, und ein glücklicher Mensch sind letztlich ein und dasselbe.

6.3 Vorzüge und Grenzen der Tugendethik

Streben nach dem guten Leben

Ein erster wichtiger Unterschied der antiken Ethik liegt also in diesem integrativen Aspekt. Statt die Autonomie und die Kategorizität der Moral zu betonen, versuchen antike Autoren die Tugend gerade an die menschliche Natur und das menschliche Streben nach dem guten Leben zu binden.

Aretaische Begriffe

Ein weiteres Charakteristikum liegt in der Perspektive, die auf moralische Phänomene selbst eingenommen wird. In der Ethik des Aristoteles wird kaum (manche Autoren behaupten: gar nicht) mit deontischen Kategorien des Müssens, Sollens und Dürfens operiert. Stattdessen werden dichte Wertbegriffe verwendet, die auf den Charakter abzielen – sogenannte aretaische Begriffe oder Tugendbegriffe wie tapfer, maßvoll, gerecht, klug, freigiebig etc. Wir erhalten damit eine sehr viel breitere evaluative Palette. Und schließlich rückt die Tugendethik einen anderen Gegenstand ins Zentrum: Statt um einzelne Handlungen geht es ihr um unseren Charakter. Die Tugendethik fragt also nicht primär danach, welche Handlungen unter welchen Bedingungen richtig sind. Sondern sie fragt, was für ein Mensch man sein soll. Das ist in der Tat ein anderer Gegenstand:

Ein gerechter Mensch

Denn ein gerechter Mensch ist man, wie bereits oben erwähnt wurde, nicht einfach dadurch, dass man gerecht handelt. (Das kann auch ein bloß selbstbeherrschter Akteur.) Ein gerechter

Mensch zu sein heißt, dass die ganze Natur des Akteurs, sein Denken, Fühlen und Wollen, gerecht ist.

Diese Unterschiede machen die Tugendethik nach wie vor zu einem wichtigen Teil der normativen Ethik. Allerdings stellt sich die Frage, wie genau sich die Tugendethik zu den zuvor diskutierten Ansätzen der normativen Ethik verhält. Wir können drei Sichtweisen unterscheiden:

Rückkehr zum Programm der Tugendethik

Eine erste Sichtweise ist radikal revisionär. Sie wird von Elizabeth Anscombe, Bernard Williams und Alasdair MacIntyre vertreten. Diese Autoren sehen die moderne Ethik als gescheitert an und empfehlen eine Rückkehr zum Programm der Tugendethik. Wir sollten die Tugendethik also nicht etwa als Ergänzung der anderen zwei allgemeinen Ansätze ansehen. Noch sollten wir sie als einen dritten Ansatz neben den anderen beiden betrachten, der mit denselben Fragen befasst ist. Stattdessen sollte sich die normative Ethik umorientieren. Sie sollte Fragen nach Pflichten und Sollen vermeiden, und sie sollte sich auch von der Methode einer Ableitung von Handlungsvorschriften aus obersten Prinzipien verabschieden. Stattdessen sollte sie sich umorientieren und Fragen nach der menschlichen Natur, dem menschlichen Glück stellen *statt* Fragen nach moralischer Pflicht zu stellen.

Dieses Programm hat mit Anscombe, Williams und MacIntyre zwar wortmächtige und eindrucksvolle Fürsprecher. Aber seine Attraktivität hängt doch stark davon ab, ob man ihren radikalen Pessimismus in Bezug auf die moderne normative Ethik teilt. Zwar mag man mit deontologischen und konsequentialistischen Ansätzen unzufrieden sein. Aber die gesamte Suche nach Prinzipien richtigen Handelns zu einem historischen Irrtum zu erklären, ist unnötig radikal.

Rosalind Hursthouse

Eine zweite Sichtweise versteht die Tugendethik ebenfalls als einen Gegenentwurf zu den konsequentialistischen und deontologischen Ansätzen, die zuvor diskutiert wurden. Allerdings akzeptiert diese Sichtweise die Fragestellungen und das Erkenntnisinteresse der modernen Ethik, wie die Suche nach einer Theorie des richtigen Handelns. Hier soll die Tugendethik also ein dritter Ansatz in der normativen Ethik sein. Ein solcher Vorschlag stammt von Rosalind Hursthouse (*1943). Sie bestimmt zunächst, was einen tugendhaften Menschen auszeichnet. (Dies tut sie, ähnlich wie Aristoteles, im Rückgriff auf naturalistische und eudaimonistische Kriterien.) Dann formuliert sie aber auch ein tugendethisches Prinzip für die Richtigkeit von Handlungen, wie folgt:

Tugendethisches Richtigkeitskriterium (Hursthouse 2002)

(1) Eine Handlung ist genau dann moralisch zulässig, wenn ein tugendhafter Handelnder sie charakteristischerweise unter den gegebenen Umständen vollziehen würde.

(2) Eine Tugend ist ein Charaktermerkmal, das ein menschliches Wesen aufgrund seiner menschlichen Natur für eudaimonia benötigt.

Partikularismus

Dieser Vorschlag verspricht, die Einsichten der antiken Tugendethik für die Fragestellungen der modernen Ethik fruchtbar zu machen. Aber ob er wirklich überzeugend ist, hängt von weiteren Punkten ab. Immerhin kann man sich ja fragen, woran denn der tugendhafte Akteur selbst erkennt, ob eine Handlung zulässig ist. Man kann nun Aristoteles in der Annahme folgen, dass dieses Wissen des Tugendhaften nicht in einer informativen Weise in die Form einer überschaubaren Menge von Prinzipien zu bringen ist. (Diese Sichtweise wird heute oft als Partikularismus bezeichnet, vgl. Dancy 2006.) Wenn man diese Ansicht akzeptiert, dann ist das obige Prinzip eine Möglichkeit, zumindest in einer abgeleiteten Weise ein Richtigkeitskriterium für Handlungen zu formulieren.

Aber müssen wir den Partikularismus akzeptieren? Könnte der Tugendhaften nicht jemand sein, der bestimmte Prinzipien begriffen und verinnerlicht hat? (Tatsächlich gibt Aristoteles selbst z.B. im Buch V der *Nikomachischen Ethik* durchaus prinzipielle Erläuterungen der Gerechtigkeit.)

Tugendethik als Ergänzung zu Theorien des richtigen Handelns

Eine dritte Sichtweise würde dann darin bestehen, die Tugendethik eher als eine mögliche Ergänzung zu Theorien des richtigen Handelns zu betrachten. Wir könnten dann die Möglichkeit offenlassen, dass das Kriterium für richtiges Handeln vielleicht konsequentialistisch oder deontologisch ist. Aber wir würden darauf beharren, dass die Frage des richtigen Handelns nicht die einzige Frage der Ethik ist. Wir wollen ebenfalls wissen, was für Menschen wir sein sollen, und wie sich dies zu unserer Natur und zu unserem Streben nach einem glücklichen Leben verhält. Tatsächlich haben auch Utilitaristen wie Mill und Sidgwick oder Deontologen wie Kant der Lehre von den Tugenden und einer tugendhaften Lebensführung insgesamt Bedeutung beigemessen.

Wäre eine solche Sichtweise denn überhaupt konsistent? Sind der Naturalismus und der Eudaimonismus nicht mit den Kerngedanken der modernen Ethik schlechterdings unvereinbar?

Eudaimonismus

Keineswegs. Man betrachte zunächst den Eudaimonismus. Zugegeben: Unser heutiges Verständnis von Moral besagt, dass genuin moralische Motivation nicht das eigene Glück zum Endziel hat. Mitunter wird der antiken Ethik daher vorgeworfen (z.B. von Kant), dass die Kopplung von Tugend und eudaimonia letztlich mit einer Orientierung an der Moral unvereinbar sei. Aber das ist ein Irrtum. Im Gegenteil: Auch Aristoteles betont, dass die wahre Freude gerade die sei, die wir nicht als Ziel unseres Handelns auffassen, sondern die dann entsteht, wenn wir ohne solcherlei Ziele aktiv sind.

Naturalismus

Ähnliches gilt für den Naturalismus. Wie wir gesehen haben, beruht die antike Ethik nicht auf dem Versuch, ein Sollen aus einem bloßen Sein herzuleiten. Das Projekt besteht nur darin, unsere Rede von Tugend mit Wertaussagen in Verbindung zu bringen, die wir in Bezug auf natürliche Güter verwenden. Darin muss kein neuzeitlicher Ethiker prinzipielle Probleme sehen.

Bewertung

Ob wir das tugendethische Programm also als einen Gegenentwurf zu den anderen Ansätzen zu bewerten haben, hängt nicht von den zentralen Thesen – dem Eudaimonismus oder dem Naturalismus – ab. Ebenso hängt es nicht davon ab, dass wir der Bewertung des Charakters eines Handelnden große Bedeutung beimessen. Unvereinbar mit der neuzeitlichen normativen Ethik ist lediglich der Partikularismus, und der ist kein integraler Bestandteil des antiken Projekts insgesamt.

Weiterführende Literatur:

Das zentrale ethische Werk des Aristoteles ist die *Nikomachische Ethik*, die in vielen Ausgaben und in gelungenen deutschen Übersetzungen vorliegt.

Eine gute Darstellung der Ethik von Aristoteles ist Urmson (1988). Eine erhellende Abhandlung über die Klugheit ist Luckner (2005).

Eine mittlerweile klassische Darstellung und Diskussion der antiken Ethik insgesamt ist Annas (1995).

Wichtige Texte der zeitgenössischen Tugendethik sind Anscombe (1958), Williams (1985) und MacIntyre (1981).

Eine sehr gründliche Diskussion der Stärken und Grenzen der Tugendethik ist Halbig (2013).

7. Zweifel

Fundamentale Einwände

Wir haben nun einen Einblick in Theorien der normativen Ethik gewonnen. Der Eindruck, dass sich über Moral nichts Systematisches oder Begründetes sagen lässt, dürfte damit zumindest geschwächt worden sein. Dennoch begegnet man als normativer Ethiker auch fundamentalen Einwänden. Sie lauten, dass die Moral insgesamt gegenstandslos oder suspekt sei. Ich will einige dieser Einwände zumindest kurz besprechen. Allerdings sei hervorgehoben, dass in diesem letzten Kapitel wirklich nur erste Schritte zu einer Diskussion dieser Einwände angedeutet werden können.

Zwei erste Einwände

Zwei erste Einwände (7.1 und 7.2) lauten, Moral beruhe auf einer falschen Voraussetzung. Die Evolutionstheorie, die Neurowissenschaften, kurz: Die Naturwissenschaften würden zeigen, dass es uns schlechterdings nicht freisteht, moralisch zu handeln. Da moralische Forderungen aber voraussetzen, dass es uns zumindest möglich ist, ihnen zu entsprechen, seien sie gegenstandslos.

Dritter Einwand

Ein dritter Einwand (7.3) ist normativ und besagt, Moral sei ein Instrument zur Beförderung von Herrschaftsinteressen.

Vierter Einwand

Ein vierter Einwand (7.4) wendet sich der Frage zu, warum es in Fragen der Moral (zumindest scheinbar) unüberbrückbare Meinungsverschiedenheit gibt. Wie kann man also annehmen, dass Moral einer Systematisierung fähig ist?

Fünfter Einwand

Schließlich entzünden sich Zweifel an der Moral daran, dass sie sich so gänzlich anders verhält als paradigmatische Formen des Wissens (7.5).

7.1 Sind wir durch die Evolution zur Unmoral verurteilt?

Slogan vom Überleben des Stärkeren

Man hört diese Frage häufig, und das ist nachvollziehbar. Immerhin wird die Evolutionstheorie oft mit markigen Slogans vom Überleben des Stärkeren oder von der egoistischen Natur unserer Gene vorgestellt. Slogans sind aber keine Einwände. Um die Stichhaltigkeit etwaiger Einwände zu prüfen, sollten wir die Evolutionstheorie – in aller Kürze – erläutern. Sie erklärt, wieso bestimmte phänotypische Merkmale in bestimmten Populationen verbreitet sind, auf Basis dreier Annahmen:

Annahmen der Evolutionstheorie

1. Die fraglichen phänotypischen Merkmale sind genetisch bedingt, also vererblich.
2. Die phänotypischen Merkmale wirken sich darauf aus, welche Anzahl von Nachkommen ihr Träger typischerweise hat.
3. Durch zufällige Mutationen können neue, wiederum vererbliche phänotypische Merkmale auftreten.

Angenommen nun, in einer Population von Zebras wird ein neues Mitglied mit einer genetischen Mutation geboren (wie Annahme 3 es zulässt). Eine Konsequenz dieser Mutation ist die Fähigkeit, besonders schnell zu laufen. Dadurch gelingt es dem Individuum, schneller Nahrungsquellen zu erreichen und Angreifern zu entgehen. Die Folge: Es hat mehr Zeit, Nachkommen zu zeugen (siehe Annahme 2). Diese Nachkommen werden dann im Vergleich zu den Nachkommen anderer Zebras einen höheren Anteil der Gesamtpopulation in der nächsten Generation bilden. Und sie werden, wegen der Vererblichkeit des neuen Merkmals (siehe Annahme 1), wiederum ähnliche Vorteile haben. Auf lange Sicht wird sich das neue Merkmal also über die gesamte Population ausbreiten.

Schon diese überaus simple Skizze kann deutlich machen, wie elegant die Evolutionstheorie mit sparsamen Annahmen erklären kann, warum so viele Organismen so verblüffend gut auf ihre Umgebung abgestimmt sind. Zu Beginn muss nur eine zufällige Mutation stehen. Wenn man dann Vererblichkeit und unterschiedliche Auswirkungen auf die fitness (damit ist einfach die Anzahl von Nachkommen gemeint) hinzufügt, ergibt sich der Mechanismus der Anpassung (Adaptation).

Ohne Zweifel sind die Erfolge der Evolutionstheorie beeindruckend. Zwar wirft die Theorie eine Reihe von Interpretations- und Anwendungsschwierigkeiten auf. Aber generell haben wir es hier mit einer Theorie zu tun, die unser Vertrauen verdient. Und im Prinzip spricht auch nichts gegen die Anwendung auf die Bereiche des menschlichen Geistes und des menschlichen Handelns.

Widerspruch zu „der Moral"?

Worin könnte denn nun der Widerspruch dieser Theorie mit „der Moral" bestehen? Die Idee lautet, dass die Evolutionsbiologie angeblich zeige, dass wir uns notwendig egoistisch verhalten. Dieser Gedanke ist auf den ersten Blick einleuchtend: Dem Schema zufolge scheinen sich Merkmale durchzusetzen, die dazu führen, dass ihr Träger länger lebt, mehr Ressourcen hat etc. Wenn also Anlagen zu Verhaltens- und Denkweisen begünstigt werden, so liegt es nahe, dass es eigennützige sein werden.

Biologischer Altruismus

So verführerisch der Gedanke ist, so falsch ist er. Tatsächlich hat sich die Evolutionsbiologie früh mit der Tatsache konfrontiert gesehen, dass viele Organismen systematisch Verhalten zeigen, das ihre Aussicht auf Leben und Nachwuchs absehbar und drastisch schmälert. Eine verbreitete Bezeichnung für solche Verhaltensweisen ist die des biologischen Altruismus. (Es ist wichtig, zu betonen, dass damit nicht so etwas wie altruistisches Verhalten beim Menschen gemeint ist. Ob eine menschliche Person altruistisch handelt, hängt unserer Ansicht nach von ihren Motiven ab. Wer nur an das eigene Interesse denkt und dabei per Zufall anderen hilft, handelt deshalb noch nicht altruistisch. Biologischer Altruismus ist nicht durch Motive bestimmt. Wir reden hier u.a. auch von Einzellern.)

William Hamilton

Es gibt eine Vielzahl von Erklärungsansätzen dazu. Z.B. entwickelt William Hamilton (1936–2000) die Theorie der *kin selection*. Sie weist darauf hin, dass sich auch aufopferndes Verhalten erfolgreich vererben lässt. Selbst wenn sich ein Individuum mit einer Anlage zu biologisch-altruistischem Verhalten selbst weniger erfolgreich fortpflanzt, kann sein Verhalten ja Individuen zugutekommen, die die entsprechende Veranlagung ebenfalls tragen – speziell dann, wenn es sich auf nahe Verwandte richtet. Wenn der erzeugte Vorteil für diese Anderen größer ist als der Nachteil des Individuums, kann sich die Anlage erfolgreich reproduzieren. Diese Argumentation Hamiltons hat dazu geführt, dass evolutionäre Prozesse heute oft in einer Weise beschrieben werden, die die Fortpflanzung von Genen (statt von Individuen) als zentral ansieht.

Modell der kin selection

Wie Joyce (2007) bemerkt, lässt sich mit dem Modell der kin selection nicht nur Altruismus gegenüber nahen Verwandten erklären. Da das erste Auftreten von Anlagen eine Mutation sein soll, ist anzunehmen, dass solche Anlagen leichter entstehen, wenn sie nicht allzu komplex sind – wenn sie z.B. keine hohen Anforderungen an Diskriminationsfähigkeiten stellen. In einem Umfeld, in dem Individuen *de facto* oft auf nahe Verwandte treffen, hätte nun eine ganz undifferenzierte Neigung zum allgemeinen Altruismus den gleichen Effekt – bei viel geringeren Anforderungen.

Theorie der Gruppenselektion

Auch erfährt in jüngster Zeit ein Ansatz eine Renaissance, der unter Evolutionstheoretikern lange Zeit verpönt war: die sogenannte Theorie der Gruppenselektion (Sober und Wilson 1998). Nur der Grundgedanke sei erwähnt: Die Art, wie sich Individuen mit altruistischen Veranlagungen in Gruppen assoziieren, kann ebenfalls dazu führen, dass sich diese Anlagen sehr viel erfolgreicher ausbreiten als egoistische Anlagen (auch das ist hier natürlich im biologischen Sinne zu verstehen).

Robert Axelrod

Noch bekannter sind vielleicht die Resultate der evolutionären Spieltheorie. Hier wird besonders berücksichtigt, dass der evolutionäre Erfolg (i.e., die Vererbung) einer Verhaltensanlage auch davon abhängt, welche Verhaltensanlagen andere Individuen an den Tag legen. In diesem Rahmen zeigen z.B. Experimente von Robert Axelrod (*1943), dass Anlagen zu kooperativem Verhalten beeindruckende Ausbreitungs- und Stabilitätseigenschaften haben (vgl. Axelrod 1984). Axelrod hat Anlagen dieser Art durch Computerprogramme dargestellt. Verschiedene Programme trafen unbestimmt häufig in Gefangenendilemma-Situationen (s.o., Kap. 4) aufeinander. In Rahmen dieses wiederholten Aufeinandertreffens, so Axelrods Resultat, war besonders das Programm „Tit-for-Tat" (zu Deutsch etwa: Wie du mir, so ich dir) erfolgreich. Dieses Programm implementiert die Veranlagung, beim ersten Aufeinandertreffen mit einem anderen Individuum kooperativ zu sein und danach bei jedem Treffen so zu agieren, wie das Gegenüber zuletzt agiert hat. Diese Strategie setzt sich nicht nur leicht gegen andere durch; wenn sie erst einmal in einer Population vorherrscht, gibt es keine andere Strategie, die noch irgend erfolgversprechend wäre.

Brian Skyrms

In Anbetracht dieser Resultate ist es also nicht etwa überraschend, sondern sogar zu erwarten, dass sich bestimmte Anlagen zu kooperativem Verhalten, wenn sie erst einmal auftreten, erfolgreich in der Naturgeschichte fortbilden. Ähnliche Experimente des Philosophen Brian Skyrms (*1938) zeigen, dass eine Neigung, gleiche Verteilungen von Gütern zu wählen und zu befürworten, auch Eigenschaften hat, die die evolutionäre Ausbreitung begünstigen (Skyrms 1996).

Evolutionstheoretische Überlegungen zeigen also, dass es überraschend gewesen wäre, wenn sich im Menschen ausschließlich eigennützige Anlagen ausgebildet hätten. Was die Theorie prognostiziert, sind zumindest auch Anlagen zu altruistischem, kooperativem und fairem Handeln.

Natürlich ist hier zu betonen, dass die Theorie in dieser Form nur erfassen kann, wie sich Anlagen zu einem bestimmten äußeren Verhalten ausbreiten. Das ist natürlich nicht dasselbe, wie zu erklären, warum wir moralisch denken – also Kooperation und Fairness als wertvoll beurteilen. Generell ist die Evolutionstheorie nicht mit unmittelbaren Ursachen phänotypischer Merkmale befasst. Für die Theorie ist unerheblich, ob sich eine Anlage zu altruistischem, kooperativem und fairem Verhalten als unbewusster Instinkt realisiert, oder als eine bewusste Orientierung. (Ebenso ist es für die Theorie unerheblich, was es dem Zebra im obigen Beispiel erlaubt, schnell zu laufen.) Solange die entsprechende Anlage vererblich ist, lässt sich ein evolutionärer Erfolg vorhersagen.

Verhalten im Einklang mit bewusstem Überlegen und Entscheiden

Allerdings liegt es nahe, dass solche Veranlagungen sich bei Menschen nicht etwa neben der Fähigkeit zu bewusstem Überlegen, oder gar in Konkurrenz zu ihr, entwickelt haben. Eine stabile Veranlagung dieser Art resultiert vielmehr gerade dann, wenn sich dieses Verhalten im Einklang mit unserem bewussten Überlegen und Entscheiden ergibt. Kurz: Eine Veranlagung dazu, in Kategorien von Hilfe, Kooperation und Fairness zu denken, ist eine naheliegende Weise, wie sich eine entsprechende Anlage beim Menschen äußern kann. Die Evolutionstheorie erklärt dann, wie gesagt, warum sich die entsprechende Anlage zu moralischem Denken erfolgreich ausgebreitet hat.

Aber hat diese Erklärung nicht einen doppelten Boden? Zeigt sie nicht, dass wir nur deshalb Anlagen zu Altruismus und Fairness haben, weil es uns eigentlich um unseren evolutionären Erfolg geht? Keineswegs. Die Theorie muss keineswegs behaupten, dass die erfolgreiche Vererbung unserer Gene auf irgendeiner Ebene unser eigenes Ziel ist (so wenig, wie sie dies über Zebras oder Einzeller behauptet). Ich habe zwar eben argumentiert, dass eine bewusste Orientierung an bestimmten Zielen eine Möglichkeit ist, wie eine Tendenz zu einem bestimmten Verhalten realisiert sein kann. Aber das muss nicht immer gelten. Und hier ist es im Lichte der evolutionstheoretischen Argumentation sogar plausibel, es zu bestreiten. Wenn Anlagen zu altruistischem, kooperativem und fairem Verhalten evolutionär erfolgversprechend sind, so wäre es gerade hinderlich, wenn wir dieses Verhalten nur dann zeigen, wenn wir uns insgeheim überzeugt haben, dass es indirekt unseren egoistischen Neigungen dient (die evolutionär weniger erfolgreich sind). (Vgl. Joyce 2007.)

Kurzum: Auch eine Veranlagung dazu, sich im Denken und Handeln an Werten der Hilfe, der Kooperation und der Fairness zu orientieren, ist evolutionstheoretisch durchaus zu erklären.

Vor allem ist aber zu betonen, dass es hier gar nicht das Ziel sein kann, die Naturgeschichte moralischen Denkens adäquat zu beschreiben. Das Ziel ist vielmehr umgekehrt, eine bestimmte negative These als unbegründet zurück zu weisen. Wir haben, soviel steht fest, keinen Grund, anzunehmen, dass die Evolutionstheorie mit moralischem Denken und Handeln unvereinbar ist.

Kann man sogar umgekehrt behaupten, dass die Evolutionstheorie die Moral in positivem Sinne *stützt*? Nein. Das wäre ein naturalistischer Fehlschluss der Art, der in Kapitel 1 bereits besprochen wurde. Der bloße Umstand, dass unsere Naturgeschichte bestimmte Anlagen bevorzugt, spricht nicht dafür, dass diese Anlagen richtig, oder gerechtfertigt, oder wünschenswert sind. Hier sollte keine positive Begründung der Moral skizziert werden. Es ging lediglich darum, die These zu widerlegen, dass moralisches Verhalten evolutionär unmöglich oder unerwartet wäre.

7.2 Zeigt die Neurowissenschaft, dass wir nicht moralisch verantwortlich sind?

Kategorien der Verantwortung und Schuld

Die Moral stellt Forderungen an uns – wie gesagt. Werden wir ihnen nicht gerecht, so werden wir verantwortlich gemacht. Man macht uns Vorwürfe und straft uns, mal „bloß“ mit ablehnenden Reaktionen und mal – wenn es sich um einen strafrechtlichen Tatbestand handelt – auch handfest. Das moralische Sollen und die zugehörigen Kategorien der Verantwortung und der Schuld, scheinen aber eben vorauszusetzen, dass wir eine Wahl haben. Es kann nur von uns gefordert sein, was wir auch tun können, und Vorwürfe verdienen wir nur, wo wir auch anders gekonnt hätten.

Zweifel an der Willensfreiheit

Die Moral ergibt also nur Sinn, wenn wir frei sind in unseren Entscheidungen darüber, was wir tun und welche Motive wir wirksam werden lassen. Man spricht in diesem Zusammenhang auch von Willensfreiheit oder einem freien Willen. Aber: Ist diese Voraussetzung denn erfüllt?

Ergebnisse der Hirnforschung

Zweifel an der Willensfreiheit hat es während der gesamten Geschichte der Philosophie und der Wissenschaft gegeben. Die Gründe sind nicht immer genau dieselben, aber die zentralen Aspekte ähneln sich oft. Ein neueres Beispiel: In jüngerer Zeit wurde behauptet, dass einige Ergebnisse der Hirnforschung gegen die Existenz der Willensfreiheit sprechen.

Libet-Experimente

Im Zentrum der Debatte stehen Experimente von Benjamin Libet (1916–2007) und seinen Kollegen (vgl. Libet 1985, Haggard u. Eimer 1999). Diese Experimente stellen Probanden vor die Aufgabe, zu einem selbst gewählten Zeitpunkt eine einfache Bewegung zu vollziehen und dabei zugleich den Zeitpunkt zu signalisieren, zu welchem sie die entsprechende Entscheidung getroffen haben. Die Resultate der Experimente belegen, dass bereits vor dem Zeitpunkt, an dem die Probanden ihre Entscheidung bewusst äußern, die entsprechende Bewegung im Motorcortex des Gehirns eingeleitet wurde. (Ein entsprechendes Bereitschaftspotenzial wurde durchschnittlich ca. 550 ms vor der Aktivierung der Muskeln und ca. 350 ms vor der Kundgabe der Entscheidung gemessen.) Dieses Ergebnis legt nahe, dass der bewusste Akt nicht die Ursache der Bewegung ist.

Gerhard Roth

Gerhard Roth (*1942) drückt es folgendermaßen aus: „*Der Willensakt tritt in der Tat auf, nachdem das Gehirn bereits entschieden hat, welche Bewegung es ausführen wird*" (Roth 2001, 442, Hervorhebung im Original). (Eine kurze Bemerkung: Einige Philosophen glauben, die Rede von einem Gehirn, das entscheidet, sei keine harmlose Metapher. Sie sehen hier einen Denkfehler, der die Einwände der Hirnforschung nichtig macht. Ich glaube jedoch nicht, dass an dieser Redeweise viel hängt. Das Problem ist davon unabhängig.)

Viele Leser und einige Hirnforscher haben nun den Eindruck, dass diese Resultate unsere Freiheit in Frage stellen. Es scheint immerhin so, als komme unsere bewusste Entscheidung zu spät, und als liege die eigentliche Ursache unseres Tuns außerhalb. Ist dieser Einwand zutreffend?

Ablehnung von René Descartes' Auffassung

Der Schluss von den Libet-Experimenten auf die Nichtexistenz der Willensfreiheit ist an vielen Orten zutreffend kritisiert worden (vgl. z.B. Keil 2007, Beckermann 2006, Walter 2016). Hier können wir uns auf einige zentrale Punkte beschränken. Es ist bei genauer Betrachtung unklar, worin eigentlich genau das Problem mit den Daten liegen soll. Die Mehrzahl der Philosophen geht mittlerweile nicht mehr davon aus, dass unser Geist oder unser Wille unabhängig vom Gehirn und seinen Zuständen existiert. Sie lehnen z.B. die Auffassung von René Descartes (1596–1650) ab, dass wir aus zwei Substanzen bestehen – einem immateriellen Geist und einem materiellen Körper. Stattdessen gehen die meisten Philosophen mittlerweile davon aus, dass unsere mentalen Zustände durch physiologische Zustände, speziell solche des Gehirns, realisiert werden. Der bloße Umstand also, dass sich unsere Handlungen in den beschriebenen Experimenten auf neuronale Aktivierung zurückführen lässt, überrascht einen Philosophen nicht. Er zeigt nicht, dass die Handlung nicht aus einer Entscheidung resultiert, denn eine Entscheidung besteht ja gerade in einem Hirnzustand.

Wie verhält es sich aber mit dem Umstand, dass die fraglichen Aktivierungszustände bereits anfangen, bevor wir das Bewusstsein einer Entscheidung haben? Auch das heißt beileibe nicht, dass jene initialen Hirnzustände keine Entscheidungen waren. Es kann auch ganz einfach bedeuten, dass wir uns unserer entsprechenden Entscheidungen erst nach einer Weile (ca. 200 ms) bewusst werden. Das wäre vielleicht eine interessante Beobachtung – aber schwerlich eine Widerlegung der Freiheit. (Im Übrigen ist es durchaus erklärlich durch die Vorgaben des Experiments. Die Probanden wurden nämlich ausdrücklich instruiert, nicht lange im Voraus zu planen, wann sie die Bewegung vollziehen, sondern: „to let the urge come on its own spontaneously", Libet 1999, 42. Da nimmt es nicht Wunder, wenn Probanden in dieser Weise auf innere Anwandlungen reagieren.)

Widerlegung der Willensfreiheit?

Die Autoren hingegen, die in den Experimenten eine Widerlegung der Willensfreiheit sehen, unterstellen, dass Willensfreiheit eine Form annehmen müsste, die an Descartes erinnert und die unter Philosophen weitgehend abgelehnt wird. So schreibt Wolf Singer (*1943) in Die Zeit (50, 2000): „Wir erfahren uns als freie mentale Wesen, aber die naturwissenschaftliche Sicht lässt keinen Raum für ein mentales Agens wie den freien Willen, das dann auf unerklärliche Weise mit den Nervenzellen wechselwirken müsste, um sich in Taten zu verwandeln." Hier wird unterstellt, dass der freie Wille etwas von den Zuständen der Nervenzellen unabhängiges sei. Und das ist im Begriff des freien Willens nicht enthalten, sondern eine kontroverse und heute zumeist abgelehnte Idee.

Den Naturgesetzen unterworfen

Allerdings gibt es natürlich ein allgemeineres Problem im Hintergrund. Die Zustände unseres Nervensystems sind Teil der natürlichen Welt und den Naturgesetzen unterworfen. Und damit kommen wir vom sprichwörtlichen Regen in die Traufe. Zwar haben wir den speziellen Befunden Libets den Stachel genommen. Aber wir stehen nun vor der allgemeineren Frage, inwiefern Wesen, deren Denken und Handeln den Naturgesetzen unterworfen ist, überhaupt als frei gelten können.

Dieses Bedenken ist sehr viel älter als die Hirnforschung. Es beruht auf der Annahme, dass die Naturgesetze mit einem bestimmten Aspekt der Willensfreiheit unvereinbar sind. Worin genau die Unvereinbarkeit besteht, ist ein komplexes Thema. Aber wir wollen hier zumindest eine Variante dieses Bedenkens ansprechen, die für viele Leser nahe liegen dürfte. Die Naturgesetze, so lautet diese Version des Bedenkens, sind deterministisch. Das heißt, sie bestimmten den Ablauf der Ereignisse in der Welt in einer Weise, die keine alternativen Möglichkeiten zulässt. Genauer: Eine Menge von Gesetzesaussagen ist deterministisch, wenn aus einer exakten Beschreibung des Zustandes der Welt zu einem bestimmten Zeitpunkt, in Konjunktion mit jenen Gesetzen, hergeleitet werden kann, wie der exakte Zustand der Welt zu jedem späteren Zeitpunkt sein wird.

Keine alternativen Handlungsmöglichkeiten

Es ist nicht klar, dass unsere Naturgesetze deterministisch sind. (Die Quantenphysik wird oft so verstanden, dass zumindest die Gesetze für das Verhalten von Elementarteilchen nicht deterministisch sind.) Aber angenommen, sie wären es. Dann scheint zu folgen, dass uns als Handelnden niemals wirklich alternative Handlungsmöglichkeiten offenstehen. Es ist dann niemals der Fall, dass wir auch anders handeln könnten, als wir es tun. Und dann, so möchte man meinen, sind wir auch nicht dem Sinne frei, der für Moral und moralische Verantwortung erforderlich ist.

Es sei hier abermals betont, dass sich dieses Problem nicht aus der Hirnforschung und aus den Libet-Experimenten ergibt, sondern einfach aus der allgemeinen Überzeugung, dass mentale Zustände und speziell Entscheidungen in den Gegenstandsbereich der Naturwissenschaften fallen.

Kompatibilismus

Der wichtige Punkt ist nun: Ob der Determinismus mit Freiheit oder Verantwortung unvereinbar ist, ist überhaupt nicht ausgemacht. Eine große Zahl von Philosophen vertritt die gegenteilige Position – die These also, dass Freiheit und Verantwortung mit dem Determinismus vereinbar sind. Diese Auffassung bezeichnet man als Kompatibilismus. Zwar kommt diese Ansicht für viele Leser zunächst einmal widersinnig daher. Aber sie lässt sich überaus plausibel machen. Viele Leser finden speziell einige Beispiele von Harry Frankfurt (*1929) einleuchtend:

Beispiel

Ein Frankfurt-Fall

Black möchte, dass Jones eine bestimmte Handlung vollzieht. Wie es sich trifft, beabsichtigt Jones gegenwärtig ohnehin, diese Handlung zu vollziehen. Doch für den Fall, dass er es sich anders überlegt, trifft Black Vorsorge. Er lässt Neurochirurgen einen Chip in Jones Gehirn implantieren. Sofern Jones sich anders entscheidet, wird der Chip aktiv und sorgt dafür, dass Jones die Handlung dennoch vollzieht. Was dann tatsächlich geschieht, ist dies: Jones bleibt bei seinem Entschluss und vollzieht die Handlung. Der Chip bleibt untätig (vgl. Frankfurt 1969, 835).

Angenommen nun, die Handlung von Jones war verwerflich – z.B. ein Attentat auf eine unschuldige Person. Ist Jones verantwortlich? Die meisten Leser urteilen: Ja. Immerhin hat Jones sich normal entschieden und seine Entscheidung umgesetzt. Nichts an diesem Vorgang war in irgendeinem Sinne erzwungen. Der Chip in seinem Gehirn hatte keinen Einfluss – er war nur ein inaktives Stück Silikon. Trotzdem gab für Jones keine andere Alternative als den Vollzug der Handlung. Wenn Jones sich anders entschieden hätte, so hätte der Chip die Handlung erzwungen.

Dieser Fall legt nahe, dass moralische Verantwortung nicht verlangt, dass der Handelnde auch anders hätte handeln können. (Und wenn wir mit „Freiheit" einfach die Vorbedingung für moralische Verantwortung meinen, so erfordert auch Freiheit nicht, dass der Handelnde anders hätte handeln können.) Viele Autoren schließen: Es kommt nicht darauf an, ob die Handlung durch kausale Bedingungen unausweichlich wird. Wenn die determinierenden Ursachen von der richtigen Art sind, ist der Akteur verantwortlich. Wenn die Verursachung des Handelns ihren Weg durch bestimmte mentale Zustände des Akteurs nimmt, ist es gleich, ob ihm eine Alternative offenstand.

Vereinbarkeit von Verantwortung und Determinismus

Frankfurts Fälle haben eine umfangreiche Diskussion initiiert. Wir können hier nicht abschließend entscheiden, ob sie die Vereinbarkeit von moralischer Verantwortung (oder Freiheit) mit dem Determinismus belegen können. Aber gewiss zeigen diese Fälle, dass die Antwort auf die Frage, ob die Naturgesetze mit unserer moralischen Verantwortung vereinbar sind, nicht offenkundig ist. Es kann keine Rede davon sein, dass die Naturwissenschaften sich als mit der Moral unvereinbar erwiesen hätten.

Um kurz auf die Experimente der Hirnforschung zurückzukommen: Diese Experimente selbst zeigen nicht, ob die neuronale Aktivierung vor der Handlung eine deterministische Ursache ist, ob der Akteur also nicht anders hätte handeln können. Schon gar nicht können sie die philosophische Frage beantworten, ob eine deterministische Ursache mit Freiheit unvereinbar ist. Die Experimente der Hirnforschung geben uns also keinen Grund, an unserer Freiheit zu zweifeln.

7.3 Ist Moral nicht eigentlich ein Instrument der herrschenden Klassen?

Forderungen der Moral als politische Instrumente

Einige Autoren sehen die Moral aus anderen Gründen kritisch. Sie glauben, dass die Forderungen der Moral, allen guten Absichten ihrer Apologeten zum Trotz, selbst negativ zu bewerten sind. Sie sind, so der Einwand, keineswegs reine Vernunftwahrheiten. Vielmehr sind sie politische Instrumente. Sie dienen sie in versteckter Weise bestimmten Zwecken, die selbst Kritik verdienen.

Friedrich Nietzsche

Eine Variante dieses Vorwurfs stammt von Friedrich Nietzsche (1844–1900). Ihm zufolge ist unsere Moral das geschichtliche Resultat des Versuchs schwacher Menschen, ein Wertesystem zu etablieren, in dem sie über die stärkere Menschen, die ihnen eigentlich überlegen sind, triumphieren.

Karl Marx und Friedrich Engels

Eine andere, noch einflussreichere Variante des Vorwurfs stammt von Karl Marx (1818–1883) und Friedrich Engels (1820–1895). Ihnen zufolge gilt in kapitalistischen Verhältnissen, kurz gesagt, folgendes: In der Lohnarbeit tauschen Arbeiter und Kapitalisten Waren (Arbeit gegen Lohn). Das System des Tausches funktioniert dabei so, dass sog. Tauschwerte die Einheit für den relativen Wert des Getauschten bilden. Misst man in dieser Einheit, wird in der Lohnarbeit Gleichwertiges getauscht.

Ausbeutung statt Gerechtigkeit

Dass es sich dabei jedoch um einen Vorgang der Ausbeutung handelt, an dessen Ende der Kapitalist aus systematischen Gründen mit mehr Reichtum dasteht, gerät aus dem Blick. Marx und Engels argumentieren nun: Wenn wir in diesem Kontext eine moralische Kategorie wie diejenige der Gerechtigkeit anwenden, so werden wir schließen müssen, der Tauschvorgang sei gerecht. Es herrschen, so die Autoren (in Band I von *Das Kapital*) süffisant: „Freiheit, Gleichheit, Eigenthum und Bentham“. Ein solches Urteil würde Mitarbeit leisten an der Verdeckung der Ausbeutung.

Feministische Philosophie und critical race theory

Aktuellere Formen dieses Vorwurfs stammen aus der feministischen Philosophie und auch aus der *critical race theory*. Autoren dieser Traditionen lehnen zwar die Moral nicht rundheraus ab, glauben aber doch, dass die bekannten Ansätze, die (auch in diesem Buch) dominant sind, ideologisch sind.

Perspektive der Herrschenden

Sie enthalten implizit die Perspektive einer herrschenden Gruppe – eben die Perspektive weißer, wohlhabender Männer. In ihren Forderungen der „Objektivität“ und der „Unparteilichkeit“ wird, so der Vorwurf, eine bestimmte soziale Perspektive verabsolutiert.

Kritik

Diese Einwände sind überaus ernst zu nehmen. Sie sind sicherlich ein Grund, unser moralisches Denken kritisch zu hinterfragen und zu prüfen. Aber sie scheinen gleichzeitig keinen Grund darzustellen, Moral rundheraus abzulehnen. Nicht nur ist nicht ausgeschlossen, dass eine umsichtige Form moralischen Denkens diese Fehler vermeidet. Außerdem würde sich die Kritik bestimmter politischer und sozialer Strukturen eines wichtigen Instruments berauben, wenn sie sich eine moralische Form der Kritik verbietet. Vor allem aber gilt natürlich: Es ist alles andere als klar, warum der Verzicht auf Moral seinerseits über den Verdacht der Ideologie erhaben sein sollte. Im Gegenteil: Gerade der Verzicht auf moralische Kategorien könnte undurchschauten Interessen dienen. Man darf sich ja sicherlich fragen, wem wohl am ehesten dadurch geholfen wird, dass die Unterdrückten auf der Welt aus freien Stücken aufhören, Fragen nach Gerechtigkeit zu stellen...

7.4 Warum sind wir uns so uneins in moralischen Fragen?

Konsequentialistische und deontologische Auffassungen

In Kapitel 5 haben wir ein Beispiel eines Problems kennengelernt, an dem sich die Geister scheiden. In der Debatte um das Trolley-Problem prallen konsequentialistische und deontologische Auffassungen aufeinander. Und es ist nicht absehbar, was diese Meinungsverschiedenheit auflösen könnte. Und das ist beileibe nicht das einzige Beispiel. Wir können zum einen an die gravierenden Unterschiede in den moralischen Ansichten verschiedener geschichtlicher Epochen oder Kulturen denken. Zum anderen aber gibt es auch innerhalb des Kontextes einzelner Kulturen und Gesellschaften viele moralische Themen, bei denen keine Einigung in Aussicht ist – etwa Einwanderungsbeschränkungen, Abtreibung, der Umgang mit nicht-menschlichen Tieren usw.

Die Hartnäckigkeit von Meinungsverschiedenheiten

Die Hartnäckigkeit solcher Meinungsverschiedenheiten wirft Zweifel daran auf, ob ein Projekt wie die normative Ethik nicht verfehlt ist. Angesichts der ewigen Debatten beginnt man sich leicht zu fragen, ob moralisches Denken überhaupt eine irgendwie systematische Natur hat.

Steven Pinker: Trend zur Abnahme von Gewalt

Doch dieser Eindruck kann irreführend sein. Es ist sinnvoll, sich die benannten Dissense etwas genauer anzusehen. Auf der höchsten Ebene hatten wir ja die divergenten Ansichten verschiedener Epochen und Kulturen erwähnt. Und die Existenz solcher Unterschiede ist natürlich nicht zu leugnen. Aber es ist ebenfalls nicht aus den Augen zu verlieren, dass es Entwicklungen gibt. In einem viel diskutierten Buch (Pinker 2011) stellt der Philosoph und Kognitionswissenschaftler Steven Pinker (*1954) zunächst fest, dass es in vielen Hinsichten erkennbare historische Trends zu einer Abnahme von Gewalt, von Unfreiheit und Unterdrückung gibt – und zwar sowohl im Zeitrahmen von Jahrtausenden, als auch von Jahrhunderten und Jahrzehnten. Diese Trends führen dabei auch zu einer Konvergenz in bestimmten Lebensformen, etwa einer demokratischen Verfassung, einem unbeschränkten Wahlrecht, einer Abschaffung der Sklaverei. Diese konvergenten Trends betreffen zunächst unser Handeln und unsere Institutionen.

Michael Huemer: Fortschritt und Konvergenz in der Moral

Aber der Philosoph Michael Huemer (*1969) argumentiert (vgl. Huemer 2016), dass die beste Erklärung für diese Trends darin liege, dass es Fortschritt und Konvergenz in der Moral gebe.

Ein weiterer wichtiger Punkt ist, dass moralische Dissense – sowohl zwischen Kulturen und Epochen als auch innerhalb derselben – in ihrem Kern oft nicht moralischen Ursprungs sind. Meinungsverschiedenheiten über die Zulässigkeit von Schwangerschaftsabbrüchen, oder von bestimmten Formen der Nutzung nicht-menschlicher Tiere, beruhen oft auf unterschiedlichen Ansichten über die nicht-moralischen Tatsachen. Oft besteht die Unklarheit z.B. darin, welche mentalen Eigenschaften oder Interessen man einem Fötus oder einem Tier zuschreiben kann. Ähnliches gilt für Unterschiede in theologischen Sichtweisen: Gibt es Gott? Und was verlangt sie oder er? Hier liegt der Unterschied nicht in moralischen Prinzipien, sondern in anderen Ansichten.

„Motiviertes" Überlegen

Wir müssen ebenfalls berücksichtigen, dass moralische Ansichten besondere Bedeutung für unsere Praxis haben. Moralische Ansichten zum Konsum von Tierprodukten z.B. können, je nachdem wie sie ausfallen, umfassende Änderungen im Verhalten und im Alltag verlangen. Aus diesem Grunde sind moralische Ansichten besonders anfällig für „motiviertes" Überlegen. Die verschiedenen Interessen, die von moralischen Forderungen berührt sein können, machen auch erklärbar, wie es kommt, dass wir uns von verschiedenen moralischen Ideen überzeugen lassen.

Schließlich wurde am Ende von Kapitel 5 schon darauf hingewiesen, dass unser Eindruck vom Vorherrschen von Meinungsverschiedenheiten verzerrt sein könnte. In Alltagsdiskussionen ebenso wie in der Philosophie werden die Themen, in denen wir uns einig sind, eben nicht so leicht thematisch. Wir kreisen um unsere Differenzen – und können ihr Ausmaß so leicht überschätzen.

7.5 Ist die Moral nicht *seltsam?*

Nicht empirisch verifizierbar

Schließlich kann moralisches Denken deshalb als suspekt erscheinen, weil es sich so deutlich von denjenigen Formen des Wissens und Erkennens unterscheidet, die uns heute als besonders respektabel gelten. Moralische Urteile lassen sich nicht empirisch verifizieren. (Obacht: Es lässt sich empirisch verifizieren, dass eine bestimmte Handlung Leid erzeugt. Und es lässt sich empirisch verifizieren, dass Menschen sie deshalb moralisch falsch finden. Nicht empirisch verifizierbar ist, dass sie falsch *ist.*) Wir können keine Experimente durchführen, Daten erheben etc. Wie können wir moralischen Urteile also überhaupt als begründet, und als Kandidaten für Wissen, ansehen?

Disziplin der Metaethik

Fragen wie die, ob und wie moralisches Wissen möglich ist, wovon die Wahrheit moralischer Urteile abhängen könnte, und welche Tatsachen ihnen in der Welt korrespondieren könnten, sind Gegenstand einer eigenen philosophischen Disziplin: der Metaethik (s. o., Kap. 1). Metaethische Fragen können in diesem Buch nicht eigens diskutiert werden (vgl. dazu z.B. van Roojen 2015).

Es sei aber angemerkt, dass wir eine Verteidigung der Moral nicht allein von seiten der Metaethik erwarten sollten. Es ist aufschlussreich, den Fall der Mathematik zum Vergleich heranzuziehen. Mathematik gilt allerorten als eine hochgradig respektable wissenschaftliche Disziplin, und zwar vollkommen zu Recht. Das liegt aber nicht daran, dass wir uns über die Grundlagen mathematischen Wissens oder über die Natur mathematischer Objekte und Tatsachen im Klaren wären. Im Gegenteil: Die Erforschung der Grundlagen der Mathematik (i.e., die Philosophie der Mathematik) steht vor Rätseln und Problemen, die den Fragen bezüglich der Grundlagen der Moral frappierend ähneln. (Was sind Zahlen oder Funktionen, und woher wissen wir von ihren Eigenschaften? Um empirisches Wissen handelt es sich gewiss nicht. Aber was sonst sind unsere Quellen?) Aber so ungewiss die Grundlagen der Mathematik auch sein mögen – niemand zweifelt an mathematischen Resultaten und ihrer Gültigkeit. Der Grund dafür liegt in den Erfolgen der Mathematik selbst. Diese Erfolge lassen kaum Zweifel daran zu, dass es Grundlagen geben muss, die mathematisches Wissen möglich machen – welche es auch immer sein mögen.

Dieser Befund ist aufschlussreich. Wir sollten auch im Bereich der Moral nicht davon ausgehen, dass metaethische Grundlagenforschung allein eines Tages alle Zweifel ausräumen kann. Stattdessen sollten wir uns weiter systematisch moralischen Fragen und Problemen widmen – und hoffen, dass unsere Erfolge uns irgendwann die Zweifel am moralischen Wissen nehmen können.

Literatur

Annas, Julia (1995), *The Morality of Happiness*, Oxford (Oxford University Press).

Anscombe, G. E. M. (1958), „Modern Moral Philosophy“, *Philosophy* 33, S. 1-19.

Axelrod, Robert (1984), *The Evolution of Cooperation*, New York (Basic Books).

Beckermann, Ansgar (2006), „Freier Wille – Alles Illusion?“ in: S. Barton (Hrsg.), *„... weil er für die Allgemeinheit gefährlich ist!“* Baden-Baden (Nomos Verlag), S. 293-307.

Bentham, Jeremy (1780/1970), *Introduction to the Principles of Morals and Legislation*, in J. H. Burns und H.L.A. Hart (Hrsg.), *The Collected Works of Jeremy Bentham*, Oxford (Oxford University Press).

Bicchieri, Cristina (2006), *The Grammar of Society. The Nature and Dynamics of Social Norms*, Cambridge (Cambridge University Press).

Brennan, Geoffrey / Eriksson, Lina / Goodin, Robert / Southwood, Nicholas (2013), *Explaining Norms*, Oxford (Oxford University Press).

Broad, C. D. (1985), *Ethics*, Dodrecht (Nijhoff).

Broome, John (1999), „Goodness is reducible to betterness: the evil of death is the value of life“, in ders., *Ethics out of Economics*, Oxford (Oxford University Press), S. 162-173.

Broome, John (2013), *Rationality Through Reasoning*, Oxford: Wiley-Blackwell.

Copp, David (Hrsg.) (2006), *Oxford Handbook of Ethical Theory*, Oxford (Oxford University Press).

Dancy, Jonathan (2000), *Practical Reality*, Oxford (Oxford University Press).

Dancy, Jonathan (2006), *Ethics Without Principles*, Oxford (Oxford University Press).

Dworkin, Ronald (2011), *Justice for Hedgehogs*, Cambridge, Mass. (Harvard University Press).

Edmonds, David (2015), *Would You Kill the Fat Man?: The Trolley Problem and What Your Answer Tells Us about Right and Wrong*, Princeton (Princeton University Press).

Feldman, Fred (2010), *What is this Thing Called Happiness?*, Oxford (Oxford University Press).

Foot, Philippa (1967), „The Problem of Abortion and the Doctrine of the Double Effect“, in *Oxford Review* 5, S. 5-15.

Frankfurt, Harry (1969), „Alternate Possibilities and Moral Responsibility“, *The Journal of Philosophy* 66, S. 829-839.

Gauthier, David (1986), *Morals by Agreement*, Oxford (Oxford University Press).

Geach, Peter (1956), „Good and Evil", *Analysis* 17, S. 33-42.

Greene, Joshua (2014), *Moral Tribes: Emotion, Reason, and the Gap Between Us and Them*, London (Penguin).

Griffin, James (1989), *Well-Being: Its Meaning, Measurement, and Moral Importance*, Oxford (Clarendon).

Haggard, Patrick und Eimer, Martin (1999), On the relation between brain potentials and the awareness of voluntary movements, *Experimental Brain Research* 126, S. 128-133.

Halbig, Christoph (2007), *Praktische Gründe und die Realität der Moral*, Frankfurt (Klostermann).

Halbig, Christoph (2013), *Der Begriff der Tugend und die Grenzen der Tugendethik*, Berlin (Suhrkamp).

Henning, Tim (2015), „From Choice to Chance? Saving People, Fairness, and Lotteries", *Philosophical Review* 124, S. 169-206.

Henning, Tim (2016), *Kants Ethik. Eine Einführung*, Stuttgart (Reclam).

Henning, Tim (2018), *From a Rational Point of View. How We Represent Subjective Perspectives in Practical Discouse*, Oxford (Oxford University Press).

Hobbes, Thomas (1651/1996), *Leviathan or the Matter, Forme and Power of a Commonwealth Ecclesiasticall and Civil*, hrsg. v. Richard Tuck, Cambridge (Cambridge University Press).

Hohfeld, Wesley (1913), „Some Fundamental Legal Conceptions as Applied in Legal Reasoning", *Yale Law Journal* 23, S. 16-59.

Hooker, Brad (2000), *Ideal Code, Real World. A Rule-Consequentialist Theory of Morality*, Oxford: Oxford University Press.

Horty, John (2012), *Reasons as Defaults*, Oxford (Oxford University Press).

Huemer, Michael (2016), „A liberal realist answer to debunking skeptics: the empirical case for realism", *Philosophical Studies* 173, S. 1983-2010.

Hursthouse, Rosalind (2002), *On Virtue Ethics*, Oxford (Oxford University Press).

Irwin, Terence (2007ff), *The Development of Ethics: A Historical and Critical Study*. Volume I-III. Oxford University Press.

Joyce, Richard (2007), *The Evolution of Morality*, Cambridge, Mass. (MIT Press).

Kahane, Guy et al. (2012), „The neural basis of intuitive and counterintuitive moral judgment", *Social Cognitive and Affective Neuroscience* 7, S. 393-402.

Kahneman, Daniel (2012), *Thinking, Fast and Slow*, London (Penguin).

Kamm, Frances Myrna (2016), *The Trolley Problem Mysteries*, Oxford (Oxford University Press).

Kant, Immanuel (1900 ff), *Gesammelte Schriften*, hrsg. von der Königlich Preußischen (später: Deutschen) Akademie der Wissenschaften, Berlin.

Keil, Geert (2007), *Willensfreiheit*, Berlin (DeGruyter).

Knobe, Joshua (2003), „Intentional Action in Folk Psychology: An Experimental Investigation", *Philosophical Psychology* 16, S. 309-324.

Korsgaard, Christine (1983), „Two Distinctions in Goodness", *Philosophical Review* 92, S. 169-195.

Kymlicka, Will (1988), „Rawls on Teleology and Deontology", *Philosophy and Public Affairs* 3, S. 173-190.

Libet, Benjamin (1985), „Unconscious Cerebral Initiative and the Role of Conscious Will in Voluntary Action", *Behavioral Brain Sciences* 8, S. 529-566.

Luckner, Andreas (2005), *Klugheit*, Berlin (DeGruyter).

MacAskill, William (2015), *Doing Good Better: How Effective Altruism can Help You Make a Difference*, New York (Gotham Books).

MacFarlane, John (2014), *Assessment Sensitivity: Relative Truth and Ist Applications*, Oxford (Oxford University Press).

MacIntyre, Alasdair (1981), *After Virtue: A Study in Moral Theory*, Notre Dame (University of Notre Dame Press).

Mill, John Stuart (1863/1998), *Utilitarianism*, hrsg. v. Roger Crisp, Oxford (Oxford University Press).

Murphy, Liam (2000), *Moral Demands in Nonideal Theory*, Oxford (Oxford University Press).

Nozick, Robert (1974), *Anarchy, Staty, and Utopia*, New York (Basic Books).

Nussbaum, Martha (2000), *Women and Human Development. The Capabilities Approach*, Cambridge (Cambridge University Press).

Otsuka, Michael (2000), „Scanlon and the Claims of the Many versus the One", *Analysis* 60, S. 288-293

Parfit, Derek (1984), *Reasons and Persons*, Oxford (Clarendon Press).

Peterson, Martin (Hrsg.) (2015), *The Prisoner's Dilemma*, Cambridge (Cambridge University Press).

Pinker, Steven (2011), *The Better Angels of Our Nature: Why Violence Has Dec*lined. New York (Viking).

Rawls, John (1971), *A Theory of Justics*, Cambidge Mass. (Harvard University Press).

Ross, Alf (1941), „Imperatives and Logic", *Theoria* 7, S. 53–71.

Ross, William D. (1930), *The Right and the Good*, Oxford (Clarendon Press).

Roth, Gerhard (2001), *Fühlen, Denken, Handeln*, Frankfurt am Main (Surhkamp).

Scanlon, Thomas M. (1982), „Contractualism and Utilitarianism“, in A. Sen und B. Williams (Hrsg.), *Utilitarianism and Beyond*, Cambridge (Cambridge University Press), S. 103-128.

Scanlon, Thomas M. (1998), *What We Owe to Each Other*, Cambridge, Mass. (Harvard University Press).

Schroth, Jörg (Hrsg.) (2016), *Texte zum Utilitarismus*, Stuttgart (Reclam).

Schurz, Gerhard (1997), *The Is-Ought Problem. A Study in Philosophical Logic*. Dordrecht (Springer).

Sen, Amartya (1985) *Commodities and Capabilities*. Amsterdam (North-Holland).

Sidgwick, Henry (1907/1962), *Methods of Ethics*, 7. Auflage, London (Palgrave Macmillan).

Singer, Peter (1979), *Practical Ethics*, Cambridge (Cambridge University Press).

Singer, Peter (Hrsg.) (1993), *A Companion to Ethics*, Oxford (Wiley-Blackwell).

Singer, Peter (2005), „Ethics and Intuitions“, *The Journal of Ethics* 9: 331-352.

Singer, Peter (2015), *The Most Good You Can Do: How Effective Atruism is Changing Ideas about Living Ethically*, Yale (Yale University Press).

Skyrms, Brian (1996), *Evolution of the Social Contract*, Cambridge (Cambridge University Press).

Slote, Michael (1989), *Beyond Optimizing: A Study of Rational Choice*, Cambridge, Mass. (Harcard University Press)

Sober, Elliott und Wilson, David S. (1998), *Unto Others. The Evolution and Psychology of Unselfish Behavior*, Cambridge, Mass. (Harvard University Press).

Southwood, Nicholas (2010), *Contractualism and the Foundations of Morality*, Oxford: Oxford University Press.

Taurek, John (1977), „Do the Numbers Count?“, *Philosophy and Public Affairs* 6, S. 293-316

Thomson, Judith Jarvis (1976), „Killing, Letting Die, and the Trolley Problem“, *The Monist* 59, S. 204-217.

Thomson, Judith Jarvis (1985), „The Trolley Problem“, *Yale Law Journal* 94, S. 1395-1415.

Thomson, Judith Jarvis (2003), *Goodness and Advice*, Princeton (Princeton University Press).

Thomson, Judith Jarvis (2008), „Turning the Trolley“, *Philosophy and Public Affairs* 36, S. 359-374.

Turiel, Elliot (2006), „The Development of Morality,“ in N. Eisenbeg (Hrsg.), *Handbook of Child Psychology Vol. 3: Social, Emotional, and Personality Development*, 6. Auflage, Hoboken (Wiley).

Urmson, J. O. (1958), „Saints and Heroes“, in A. I. Melden (Hrsg.) *Essays in Moral Philosophy*, Seattle: University of Washington Press.

Urmson, J. O. (1988), *Aritotle's Ethics*, London (Blackwell).

van Roojen, Mark (2015), *Metaethics: A Contemporary Introduction*, New York (Routledge).

Väyrynen, Pekka (2013), *The Lewd, the Rude, and the Nasty. A Study of Thick Concepts in Ethics*, Oxford (Oxford University Press).

Walter, Sven (2016), *Illusion freier Wille? Grenzen einer empirischen Annäherung an ein philosophisches Problem*, Stuttgart (Metzler).

Wessels, Ulla (2002), *Die gute Samariterin. Zur Struktur der Supererogation*, Berlin (DeGruyter).

Williams, Bernard (1985), *Ethics and the Limits of Philosophy*, Cambridge Mass. (Harvard University Press).

Zimmerman, Michael J. (1996), *The Concept of Moral Obligation*, Cambridge, Mass. (Cambridge University Press).

Glossar

Adjektiv, attributives
Adjektiv, das nicht logisch vom Substantiv abgetrennt werden kann. Z.B. ist „gut" ein attributives Adjektiv in der Konstruktion: „Mike ist ein guter Boxer." Dieser Satz impliziert nicht: „Mike ist gut und Mike ist ein Boxer."

Adjektiv, prädikatives
Adjektiv, das logisch vom Substantiv abgetrennt werden kann. Z.B. ist „grün" ein attributives Adjektiv in der Konstruktion: „x ist ein grünes Fahrrad." Dieser Satz impliziert: „Dies ist grün und es ist ein Fahrrad."

Aggregation
Zusammenfassung einer moralisch relevanten Größe über mehrere Personen hinweg zu einer Gesamtsumme dieser Größe. Z.B.: Zusammenfassung eines Schadens (oder Nutzens) für mehrere Personen zu einem umfassenderen Gesamtschaden (-nutzen).

Anerkennung
Wechselseitige Beziehung zwischen Personen, durch die die Beteiligten einander in ihrem gleichen moralischen Status bestätigen.

Anspruchsrecht
Ein Recht einer Person darauf, dass eine andere Person etwas tut oder unterlässt. Korrespondiert laut W. Hohfeld einer Pflicht, die diese zweiten Person gegenüber der ersten hat.

Autonomie
Ein Zustand der Selbstgesetzgebung, sowohl eines Individuums, das selbst über seinen Willen und seine Gründe bestimmt, als auch einer Gemeinschaft, in der jedes Glied sich als (Mit-)Urheber der gemeinsamen Regeln verstehen kann.

Deliberatives Gewicht
Bedeutung eines Grundes gegenüber konkurrierenden Gründen. Gründe mit großem deliberativen Gewicht überwiegen Gründe mit einem geringeren deliberativen Gewicht.

Deontische Begriffe
Pflichtbegriffe, die etwa durch „müssen“, „geboten“, „erlaubt“, „unzulässig“ etc. ausgedrückt werden. Setzen Handlungen nicht in ein graduelles Wertverhältnis, sondern schließen sie aus dem Bereich des Zulässigen aus oder in diesen Bereich ein.

Deontologische Ethik
Sammelbegriff für ethische Theorien, denen zufolge der moralische Status einer Handlung nicht ausschließlich von ihren Konsequenzen bestimmt wird.

Dichte Wertbegriffe
Begriffe, die neben einer bewertenden Funktion auch deskriptive Informationen übermitteln. So drückt der Ausdruck „grausam“ eine negative Bewertung aus, beschreibt aber auch, dass ein exzessives Maß an Leid verursacht oder befürwortet wird.

Doppelwirkung, Lehre von der
Moralisches Prinzip, demzufolge die Zulässigkeit einer Handlung mit positiven und negativen Konsequenzen davon abhängen kann, ob die negativen Konsequenzen als Mittel oder Ziel beabsichtigt oder bloß in Kauf genommen wurden.

Entscheidungsverfahren (*decision procedure*)
Eine ethische Theorie stellt ein Entscheidungsverfahren dar, wenn sie im praktischen Überlegen eines Akteurs verwendet werden kann und soll, um moralisch zu entscheiden. (Kontrast: Richtigkeitskriterium, s.o.)

Ethik
Einer gebräuchlichen Verwendung zufolge: die philosophische Disziplin, die sich mit der Moral befasst.
Einer anderen gebräuchlichen Verwendung zufolge: eine Menge von Werten und Normen, die moralische Werte und Normen zwar umfasst, darüber hinaus aber weitere Aspekte eines glücklichen und gelungenen Lebens mit berücksichtigt.

Eudaimonia
Der antike Terminus für das Ziel eines glücklichen und gelungenen Lebens.

Evaluative Begriffe
Wertbegriffe, die etwa durch „gut“, „erfreulich“, „lasterhaft“, „feige“ etc. ausgedrückt werden. Setzen Handlungen in ein graduelles Wertverhältnis, lassen daher Steigerungsformen zu.

experience machine
Fiktives Instrument in einem Gedankenexperiment von Robert Nozick. Versetzt Personen in einen dauerhaften Traumzustand, in dem ihnen ein vollkommen erfülltes und glückliches Leben zu widerfahren scheint.

Fähigkeitsansatz
Eine Theorie der Wohlfahrt, der zufolge die Wohlfahrt von Personen darin besteht, dass diesen Personen die Entwicklung objektiv wertvoller Fähigkeiten und Freiheiten möglich ist.

Freiheitsrecht
Ein Recht einer Person darauf, bestimmte Handlungen zu vollziehen oder nicht. Korrespondiert laut W. Hohfeld dem Nichvorliegen eines Anspruchsrechts (s.o.) anderer Personen gegenüber der ersteren.

Grund (*Handlungsgrund*)
Handlungsgründe unterscheiden sich von anderen Gründen im weitesten (explanatorischen, s.u.) Sinne dadurch, dass sie Gründe *für jemanden* sind, etwas zu tun. Beispiel: Mein Schlafmangel mag der explanatorische Grund sein, warum ich schimpfe, aber er ist kein Grund für mich, zu schimpfen.

Grund, normativer
Normative Gründe sprechen für oder wider bestimmte Handlungen. Zum Beispiel: Das schlechte Wetter ist ein Grund, lieber daheim zu bleiben.

Grund, motivierender
Motivierende Gründe sind Gründe, aus denen heraus ein Akteur eine Handlung tatsächlich vollzieht. Zum Beispiel: Der Grund, aus dem Peter daheim bleibt, ist das schlechte Wetter.

Grund, explanatorischer
Ein Grund im weitesten, explanatorischen Sinne ist einfach ein Teil einer Erklärung, egal ob kausal oder rational. Zum Beispiel: Der Grund für den Vulkanausbruch war das Erdbeben.

Grundprinzip
Ein Grundprinzip einer Theorie ist ein Satz, der in der Theorie begründende Funktion für weitere Sätze hat, selbst aber nicht aus weiteren Sätzen hergeleitet oder gerechtfertigt wird.

Hedonismus
Eine Theorie der Wohlfahrt, der zufolge die Wohlfahrt einer Person einzig und allein in ihren Empfindungen von Freude und Leid besteht.

Humes Gesetz
Grundsatz, der besagt, dass Sätze mit normativem Inhalt (ein „Sollen") sich nicht logisch aus Sätzen ableiten lassen, die ausschließlich deskriptiven Inhalt (ein „Sein") haben.

Hypothetischer Imperativ
Eine Sollensaussage oder Forderung, deren Gültigkeit davon abhängt, dass der Adressat ein bestimmtes Ziel hat.

Indirekte Selbstwiderlegung
Eigenschaft einer Moraltheorie, die darin besteht, dass der bewusste Versuch, diese Theorie umzusetzen, dazu führt, dass die Umsetzung schlechter gelingt.

Kategorischer Imperativ
Sollensaussage oder Forderung, deren Gültigkeit nicht durch die Ziele oder Motive des Adressaten bedingt ist. Kant zufolge gibt es nur eine solche Forderung: Handle nur nach der Maxime, die du zugleich als ein allgemeines Gesetz wollen kannst.

Konsequentialistische Ethik, Konsequentialismus
Moraltheorie, der zufolge die moralische Qualität einer Handlung ausschließlich von ihren Konsequenzen abhängt.

Konsequentialismus, globaler
Moraltheorie, der zufolge die moralische Qualität einer Handlung /einer Einstellung / eines Charaktermerkmals etc. ... ausschließlich von den Konsequenzen abhängt.

Konsequentialismus, indirekter
Moraltheorie, der zufolge die moralische Qualität von einer Regel (oder einem Motiv, einer Praxis, ...) abhängt, deren Gültigkeit ihrerseits von den Konsequenzen der Geltung dieser Regel (des Bestehens dieses Motivs, dieser Praxis...) abhängt.

Kontraktualismus
Moraltheorie, der zufolge die Zulässigkeit einer Handlung davon abhängt, ob sie durch Prinzipien gedeckt ist, die im Rahmen einer freien Übereinkunft nicht mit guten Gründen zurückgewiesen werden könnten.

Mesotes-Lehre
Ansicht des Aristoteles, der zufolge es für Tugenden charakteristisch ist, in der rechten Mitte zwischen zwei extremen Charaktermerkmalen zu liegen, die lasterhaft wären.

Metaethik
Philosophische Disziplin, die nicht selbst moralische Aussagen begründet, sondern vielmehr die Bedeutung, die Logik und die Gegenstände solcher Aussagen philosophisch untersucht.

Moral
Inbegriff einer bestimmten Menge von Werten und Pflichten, die sich durch besonderes deliberatives Gewicht (s.o.), ihre kategorische Gültigkeit (s. Kategorischer Imperativ), ihre Praxis-Unabhängigkeit und ihre Verknüpfung mit besonderen reaktiven Einstellungen auszeichnet.

Naturalistischer Fehlschluss: siehe Humes Gesetz

Pflicht
Unbedingtes Erfordernis

Pflicht, negative
Die unbedingte Forderung, eine Handlung eines bestimmten Typs nicht zu vollziehen. Beispiel: Die Pflicht, nicht zu lügen.

Pflicht, positive
Die unbedingte Forderung, eine Handlung eines bestimmten Typs zu vollziehen. Beispiel: Die Pflichten, anderen Menschen Gutes zu tun.

Pflicht, unvollkommene
Eine unbedingte Forderung, die eine allgemeine Zielsetzung betrifft und die daher in vielen Kontexten eine Wahl zwischen verschiedenen Weisen, dieses Ziel zu befördern, offen lässt.

Pflicht, vollkommene

Eine unbedingte Forderung, die spezifische Handlungen fordert oder verbietet und keinen Spielraum für Abwägung zulässt.

Phronesis
Aristoteles zufolge eine Tugend, die nicht zu den Charaktertugenden (sittlichen oder ethischen Tugenden) gehört, sondern eine Verstandestugend (dianoëtische Tugend) ist, die aber für die Bestimmung der ethisch tugendhaften Handlung unabdingbar ist.

Praxis-Unabhängigkeit
Lt. Bicchieri (2006) und Brennan et a. (2013) eine Eigenschaft moralischer Normen, die darin besteht, dass ihre Befolgung *als* moralische Normen nicht in dem Wunsch besteht, einer bestehenden Praxis und Erwartungen der sozialen Mitwelt zu entsprechen.

Reaktive Einstellungen
Emotionale und andere Einstellungen, die als angemessene Reaktionen auf den Bruch oder die Einhaltung bestimmter Normen oder Erwartungen gelten. Im Falle moralischer Normen z.B.: Groll, Empörung, Scham.

Recht, moralisches
Moralische Forderung oder Erlaubnis, die an den Status einer Person gebunden ist – etwa ihr Anspruchsrecht (s.o.) darauf, dass bestimmte Handlungen erfolgen, oder ihr Freiheitsrecht (s.o.), bestimmte Dinge zu tun.

Reich der Zwecke
Kants Ausdruck für das System wechselseitiger Beziehungen zwischen allen vernünftigen Personen, das jede Person dadurch als gültig anerkennt, dass sie sich dem moralischen Gesetz unterstellt.

Relativismus
Doktrin, der zufolge moralische Regeln nur in zeitlich oder räumlich begrenzten Kontexten herrschen und zwischen solchen Kontexten variieren. (Das kann entweder dadurch der Fall sein, dass diese Regeln inhaltlich implizit auf diese Kontexte beschränkt sind, oder dadurch, dass ihre Wahrheit auf diese Kontexte eingeschränkt ist).

Richtigkeitskriterium (*criterion of rightness*)
Eine ethische Theorie erfasst ein Richtigkeitskriterium, wenn sie beschreibt, welche Eigenschaften eine Handlung richtig machen. (Kontrast: Entscheidungsverfahren, s.o.)

Sein-Sollens-Fehlschluss: siehe Humes Gesetz

Soziale Normen
Regeln sind Bicchieri (2006) zufolge soziale Normen, wenn ihre Befolgung im Normalfall durch den Wunsch motiviert ist, dem Handeln und den normativen Erwartungen der sozialen Mitwelt zu entsprechen.

Supererogatisches Handeln
Handeln, das mehr leistet als das, was die Moral verlangt, und das deshalb einen besonderen moralischen Wert aufweist.

Supervenienz
Beziehung zwischen Eigenschaftsfamilien. Eigenschaften einer Familie A supervenieren auf Eigenschaften einer Familie B, wenn keine zwei Gegenstände sich in den A-Eigenschaften unterscheiden können, ohne sich auch in den B-Eigenschaften zu unterscheiden. (Beispiel: Moralische Eigenschaften supervenieren auf natürlichen.)

Tugend, ethische
Wertvolles Charaktermerkmal, das Aristoteles zufolge in einer kultivierten, dauerhaften Disposition zu richtigem, situationsangemessenem Fühlen und Handeln besteht. Beispiele (die sogenannten Kardinaltugenden): Mut, Gerechtigkeit, Mäßigkeit und Weisheit.

Universalität
Eigenschaft moralischer Forderungen, zeitlich und lokal unbegrenzt Gültigkeit zu haben.

Unparteilichkeit
Eigenschaft moralischer Forderungen, Unterschiede der beteiligten Personen (und viele weitere Unterschiede) nicht als relevante Unterschiede zu behandeln, die eine unterschiedliche Bewertung von Fällen erlauben können.

Vertragstheorie
Moraltheorien, die die Gültigkeit moralischer Normen durch eine wirkliche oder mögliche Übereinkunft zwischen Personen erklären.

Wunscherfüllungstheorie
Theorie der Wohlfahrt, der zufolge die Wohlfahrt einer Person darin besteht, dass das, was diese Person sich wünscht, tatsächlich der Fall ist.

Willensfreiheit
Eigenschaft von Personen, sich selbstbestimmt entscheiden zu können. Gilt gemeinhin als Voraussetzung für moralische Verantwortung.

Würde
der moralische Status einer Person. Bei Kant: verbunden mit der Position eines Mitglieds im „Reich der Zwecke“ (s.o.) und der Mitwirkung an der gemeinsamen moralischen Selbstgesetzgebung (s. o. Autonomie).